## ● 消防設備士の業務独占から除かれるもの ●

| 区分 | 除外される対象 | 除外される部分 |
|---|---|---|
| ① 工事の対象から除外されるもの | スプリンクラー設備、屋内消火栓設備、水噴霧消火設備及び屋外消火栓設備 | 当該設備の電源、水源及び配管の部分 |
| | 泡消火設備、不活性ガス消火設備、ハロゲン化物消火設備、粉末消火設備、自動火災報知設備、ガス漏れ火災警報設備及び消防機関へ通報する火災報知設備 | 当該設備の電源部分 |
| ② 整備の対象から除外されるもの | 屋内消火栓設備、スプリンクラー設備、水噴霧消火設備及び屋外消火栓設備 | 当該設備の電源、水源及び配管の部分 |
| | 泡消火設備、不活性ガス消火設備、ハロゲン化物消火設備、粉末消火設備、自動火災報知設備、ガス漏れ火災警報設備及び消防機関へ通報する火災報知設備 | 当該設備の電源部分 |
| | 屋内消火栓設備の表示灯の交換、屋内消火栓設備又は屋外消火栓設備のホース、ノズル、ヒューズ類、ねじ類などの部品の交換、消火栓及びホース格納箱などの補修、その他これらに類する軽微な整備 | |

## ● 甲種消防設備士が行うことができる工事又は整備の種類、及び、乙種消防設備士が行うことができる整備の種類 ●

| 指定区分【甲種】 | 消防用設備等又は特殊消防用設備等 | 必要とされる防火安全性能を有する消防の用に供する設備等 | 指定区分【乙種】 |
|---|---|---|---|
| 特類 | 特殊消防用設備等 | 元々有する消防設備士の指定区分に応じて工事又は整備が行える消防用設備等 | － |
| 第1類 | 屋内消火栓設備、スプリンクラー設備、水噴霧消火設備又は屋外消火栓設備 | 共同住宅用スプリンクラー設備、パッケージ型消火設備又はパッケージ型自動消火設備 | 第1類 |
| 第2類 | 泡消火設備 | パッケージ型消火設備、パッケージ型自動消火設備又は特定駐車場用泡消火設備 | 第2類 |
| 第3類 | 不活性ガス消火設備、ハロゲン化物消火設備又は粉末消火設備 | パッケージ型消火設備又はパッケージ型自動消火設備 | 第3類 |
| 第4類 | 自動火災報知設備、ガス漏れ火災警報設備又は消防機関へ通報する火災報知設備 | 共同住宅用自動火災報知設備、住戸用自動火災報知設備、特定小規模施設用自動火災報知設備又は複合型居住施設用自動火災報知設備 | 第4類 |
| 第5類 | 金属製避難はしご、救助袋又は緩降機 | | 第5類 |
| － | 消火器 | | 第6類 |
| － | 漏電火災警報器 | | 第7類 |

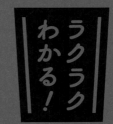

# 7類
# 消防設備士
## 集中ゼミ

改訂2版

オーム社 編

　建築物等の防火対象物の火災等の災害による被害の防止、軽減などを図るために、消防法令では、当該防火対象物の用途、規模、収容人員などに応じて、火災予防、防火管理、防炎物品の使用、消防用設備等の設置などを行うことを規制しています。

　これらの規制により、規制の対象となる防火対象物での火災件数や火災による死者については、減少傾向にあります。しかし、最近では、法令による十分な規制体系が整備されていない中小規模の防火対象物や人命危険性は少ないが、火災時の対応が困難となる大規模な倉庫、工場などにおける火災が発生しています。

　また、防火対象物に設置される消防用設備等が想定された性能機能等を発揮するためには、初期の品質が確保されていることはもちろんのこと、適正に設置され、かつ、維持管理されていることが必要とされます。このための検定・自主表示や認定などの基準認証制度、適正な設置工事や整備を行うための消防設備士制度、適正な維持管理を行うための点検報告制度などがあります。

　特に、消防用設備等のうち「漏電火災警報器」は、電路からの漏電による火災を防止するために、その発生危険性の高い、ラスモルタル造の建築物に設置が義務付けられています。また、漏電火災警報器の取付け工事や整備については、消防設備士が行うことができますが、交流100Vや200Vなど商用電路にかかわる工事には、電気工事士の資格が必要とされています。

　本書は、乙種第7類消防設備士試験を受験する方々のために、筆記試験の対象となる消防関係法令（共通部分・指定区分7類）、漏電火災警報器の構造・機能等及び電気に関する基礎知識、また、実技試験の対象となる鑑別について、系統的に学べるようにまとめています。また、項目ごとによく出る問題を掲載し、巻末には実力試しができる模擬試験も設定しています。

本書の特長として、原則1項目を見開き2ページで構成し、左ページに本文解説、右ページに演習問題を配置しています。左ページで学習した内容を右ページの演習問題を解くことにより、どれだけ理解できたかがスムーズに復習できます。なお、演習問題は、代表的な例題として示したものであり、解説の内容をすべて網羅したものではありません。

　本書を繰り返し学習していただき、乙種第7類消防設備士試験の合格の一助となれば幸いです。

2024年2月

オーム社

# 受験ガイダンス

## ❶ 消防設備士資格の種類

　消防設備士資格には甲種と乙種があり、下の表のように甲種は第1類から第5類まで、乙種は第1類から第7類まであります。甲種は表の区分に応じて工事と整備（点検を含む）を独占的に行える資格、乙種は整備のみを独占的に行うことができる資格です。

| 分類 | 甲種 | 乙種 | 独占的に工事及び点検・整備ができる消防設備の区分 |
|---|---|---|---|
| 1類 | ☆ | ☆ | 屋内消火栓設備、屋外消火栓設備、スプリンクラー設備、水噴霧消火設備等 |
| 2類 | ☆ | ☆ | 泡消火設備等 |
| 3類 | ☆ | ☆ | 不活性ガス消火設備、ハロゲン化物消火設備、粉末消火設備等 |
| 4類 | ☆ | ☆ | 自動火災報知設備、消防機関へ通報する火災報知設備、ガス漏れ火災警報設備 |
| 5類 | ☆ | ☆ | 金属製避難はしご、救助袋、緩降機 |
| 6類 | − | ☆ | 消火器 |
| 7類 | − | ☆ | 漏電火災警報器 |

注）これ以外に「甲種特類消防設備士」という資格があります。この資格は特殊な消防設備の工事、点検、整備のための資格であり、以降、この資格についての記述は割愛します。

## ❷ 受験資格

### 1．乙種消防設備士試験

　誰でも受験できます。

### 2．甲種消防設備士試験

　受験資格があり、国家資格又は学歴、経験を必要とします。

（1）国家資格等による受験資格

① 甲種消防設備士（試験の一部免除有）

② 乙種消防設備士免状の交付を受けた後2年以上、工事整備対象設備等の整備の経験を有する者

③ 技術士（試験の一部免除有）

④ 電気工事士（試験の一部免除有）

⑤ 電気主任技術者（試験の一部免除有）

⑥ 消防設備等の工事の補助者として5年以上の実務経験を有する者

⑦ 専門学校卒業程度検定試験規程による専門学校卒業程度検定試験の機械、電気、工業化学、土木又は建築に関する部門の試験に合格した者

⑧　管工事施工管理技士

⑨　工業高校の教員等

⑩　無線従事者（アマチュア無線技士を除く）

⑪　建築士

⑫　配管技能士

⑬　ガス主任技術者

⑭　給水装置工事主任技術者

⑮　消防行政に関わる事務のうち、消防用設備等に関する事務について3年以上の実務経験を有する者

⑯　消防法施行規則の一部を改正する省令の施行前（昭和41年4月21日以前）において、消防用設備等の工事について3年以上の実務経験を有する者

⑰　昭和41年10月1日前の東京都火災予防条例による消防設備士の者

(2)　学歴による受験資格

①　大学、短期大学、高等専門学校（5年制）、又は高等学校及び中等教育学校において機械、電気、工業化学、土木又は建築に関する学科又は課程を修めて卒業した者

②　外国に所在する学校で、日本における大学、短期大学、高等専門学校又は高等学校に相当するもので、指定した学科と同内容の学科又は課程を修めて卒業した者

③　大学、専門職大学、短期大学、専門職短期大学、大学院、専門職大学院、高等専門学校（5年制）、専修学校又は各種学校において、機械、電気、工業化学、土木、又は建築に関する授業科目を15単位以上修得した者

④　防衛大学校、防衛医科大学校、水産大学校、海上保安大学校、気象大学校において、機械、電気、工業化学、土木又は建築に関する授業科目を15単位以上修得した者

⑤　職業能力開発大学校、職業能力開発短期大学校、職業訓練大学校又は職業訓練短期大学校若しくは雇用対策法の改正前の職業訓練法による中央職業訓練所において、機械、電気、工業化学、土木又は建築に関する授業科目を15単位以上修得した者

⑥　理学、工学、農学又は薬学のいずれかに相当する専攻分野の名称を付記された修士又は博士の学位を有する者

# ❸　試験の内容

　甲種、乙種ともに筆記試験と実技試験があり、次の表のような試験科目と出題数で構成されています。**実技試験は装置等の操作が出題されるのではなく、筆記試験の一種と**考えてよいでしょう。試験形態は、筆記試験が四肢択一式、実技試験は鑑別と製図があ

り、鑑別は写真やイラストなどを見て**簡単な記述式**で解答します。製図は甲種受験者の
みが解答するもので、「**未完成図面の完成**」、「**欠陥探しと手直し**」などがあります。筆
記試験問題と実技試験問題の両方が同時に配布され、与えられた時間内に解答しなけれ
ばなりません。どちらを先に解答してもかまいませんが、**筆記試験が合格基準点に達し
ていなければ実技試験は採点されません**。なお、試験問題用紙を持ち帰ることはできま
せん。

試験時間は、**甲種は 3 時間 15 分**、**乙種は 1 時間 45 分**です。

（1）試験科目

| 試験科目（7 類消防設備士） | | 出題数 | |
|---|---|---|---|
| 機械又は電気に関する基礎的知識 | 電気に関する部分 | 5 | |
| 消防用設備等の構造・機能及び整備の方法 | 電気に関する部分　※ 1 | 9 | 15 |
| | 規格に関する部分　※ 2 | 6 | |
| 消防関係法令 | 全ての指定区分に共通する部分 | 6 | 10 |
| | 指定区分ごとに異なる部分※ 3 | 4 | |

備考　※ 1　電気に関する部分の対象となる関係法令等は、次のとおりとされています。
　　　　　① 漏電火災警報器に係る設置に係る技術上の基準（消防法施行令第 22 条第
　　　　　　2 項、消防法施行規則第 24 条の 3）
　　　　　② 漏電火災警報器の設置基準の細目について（昭和 61 年消防予第 30 号）
　　　　　③ 消防用設備等試験結果報告書の様式を定める件（平成元年 12 月 1 日付
　　　　　　消防庁告示第 4 号）
　　　　　④ 消防用設備等の試験基準の全部改正について（平成 14 年 9 月 30 日付
　　　　　　消防予第 282 号）
　　　　　⑤ 消防用設備等の点検基準及び消防用設備等点検結果報告書に添付する点検
　　　　　　票の様式を定める件（昭和 50 年 10 月 16 日付 消防庁告示第 14 号）
　　　　　⑥ 消防用設備等の点検要領の全部改正について（平成 14 年 6 月 11 日付
　　　　　　消防予第 172 号。点検要領）
　　　　　③から⑥までは、いずれも漏電火災警報器に係る部分となります。
　　　※ 2　漏電火災警報器に係る技術上の規格を定める省令（平成 25 年総務省令第
　　　　　24 号）
　　　※ 3　漏電火災警報器に係る設置に係る技術上の基準（消防法施行令第 22 条第
　　　　　1 項、規則第 24 条の 2）

（2）合格基準
　①　**筆記試験は科目ごとの出題数の 40 ％以上**、**全体では出題数の 60 ％以上**、か
　　　つ、**実技試験では 60 ％以上の得点を獲得**すれば合格となります。
　②　試験の一部免除者は、免除を受けている部分を除いて、60 ％以上の得点を獲得
　　　することが必要です。

（3）試験の一部免除
消防設備士、電気工事士、電気主任技術者、技術士等の有資格者は、申請により試験
科目の一部が免除されますが、免除される問題数に応じて試験時間も短縮されます。

① 消防設備士

取得している資格の種類によって、これから受験する資格の免除科目が決まります。次の表に所有資格毎の免除科目をまとめました。

| 所有資格 | これから受験する消防設備士の資格 | | | | | | | | | | | |
|---|---|---|---|---|---|---|---|---|---|---|---|---|
| | 甲1 | 甲2 | 甲3 | 甲4 | 甲5 | 乙1 | 乙2 | 乙3 | 乙4 | 乙5 | 乙6 | 乙7 |
| 甲1 | | ● | ● | ○ | ○ | ○ | ● | ● | ○ | ○ | ○ | ○ |
| 甲2 | ● | | ● | ○ | ○ | ● | ○ | ● | ○ | ○ | ○ | ○ |
| 甲3 | ● | ● | | ○ | ○ | ● | ● | ○ | ○ | ○ | ○ | ○ |
| 甲4 | ○ | ○ | ○ | | ○ | | | | | | | ● |
| 甲5 | ○ | ○ | ○ | ○ | | | | | | | ● | |
| 乙1 | | | | | | | ● | ● | | | | |
| 乙2 | | | | | | ● | | ● | | | | |
| 乙3 | | | | | | ● | ● | | | | | |
| 乙4 | | | | | | ○ | ○ | ○ | | | | ● |
| 乙5 | | | | | | ○ | ○ | ○ | ○ | | ● | |
| 乙6 | | | | | | ○ | ○ | ○ | ○ | ● | | ○ |
| 乙7 | | | | | | ○ | ○ | ○ | ● | ○ | ○ | |

注1）●印：消防関係法令の共通部分と基礎的知識が免除されます。
　　　○印：消防関係法令の共通部分のみ免除されます。
注2）乙種消防設備士の資格で甲種消防設備士試験科目の免除を受けることは不可。

② 電気工事士

「基礎的知識」及び「構造・機能及び工事・整備」のうち、電気に関する部分が免除となります。

③ 電気主任技術者

「基礎的知識」及び「構造・機能及び工事・整備」のうち、電気に関する部分が免除となります。

④ 技術士

技術士の部門ごとに指定区分の類に応じて、「基礎的知識」及び「構造・機能及び工事・整備」が免除となります。

| 技術士の部門 | 指定区分の類 |
|---|---|
| 機械部門 | 第1、2、3、5、6類 |
| 電気・電子部門 | 第4、7類 |
| 化学部門 | 第2、3類 |
| 衛生工学部門 | 第1類 |

(4) 試験手数料（非課税）

甲種：5700円

乙種：3800円〔令和5年4月現在〕

# 合格への心構え

　乙種第7類消防設備士の資格試験を受験するためには、消防用設備等に係る工事、整備又は点検などの業務について、当該消防用設備等に関する資格を有する消防設備士の指導監督を受けながら実務に従事した経験や消防用設備等に係る製造や検査等に従事した経験を有するなど、実務の経験が必要とされています。

　特に、実技試験である鑑別については、具体的に消防用設備等についての性能構造など、実際使用する設備機器、点検などに使用する工具機器等についての知識も重要です。

　また、消防設備士には、次のような**責務**などが求められており、ペーパー資格として取得し、維持するには、相当の覚悟が必要です。

(1)　**講習の受講義務**：都道府県知事（総務大臣が指定する市町村長その他の機関を含む）が行う工事整備対象設備等の工事又は整備に関する講習を受ける必要があります。

(2)　**消防設備士の責務**：業務を誠実に行い、工事整備対象設備等の質の向上に努めることとされています。

(3)　**免状の携帯義務**：業務に従事するときは、消防設備士免状を携帯する必要があります。

(4)　**工事着手の届出**：甲種消防設備士は、法第17条の5の規定に基づく政令で定める工事をしようとするときは、その工事に着手しようとする日の10日前までに、工事整備対象設備等の種類、工事の場所その他必要な事項を消防長又は消防署長に届け出ることとされています。

　消防設備士の資格取得のための受験勉強にあたっては、次のことに留意する必要があります。

①　資格を取得するという目標を常に、継続して、意識しておく。

②　ある程度知識が身についたと感じたら、試しにという感じで、**受験をしてみること**。

　　受験場所の雰囲気が経験でき、どのような試験なのかに慣れることも重要です。

　→　合格したら、非常に幸運といえます。なお**合格率**は、平均でここ数年**50％台後半で推移**しています。

③　不合格となっても、**受験したことにより次のような経験が得られる**。

　→　問題の内容や文章構成など、また、選択肢の出され方の知識が増えること。
　　試験範囲のうち、学習しなければならない部分などが理解できること。

　※　**不合格となっても諦めないことが大事**。

④ 受験する時期を具体的に計画する。

　　試験は、全国の都道府県で行われていますので、居住地や勤務地にかかわらず、どこでも受験することができます。

　　また、試験は、東京以外の道府県では、種別などにより異なりますが、年1回ないし2回程度行われています。東京の場合は、少し頻度が多いようです。

　　これらの情報は、一般財団法人 消防試験研究センターのホームページで公開されています。

　　これらの情報をもとに、いつ、どこで受験するかを決める必要があります。

⑤ 学習計画を無理のないように、ざっくり策定する。

　　あまり厳密に策定すると、ハードルが高くなるので、無理のない範囲で計画することが重要です。

⑥ 消防法令のうち、共通部分については、消防法及び消防法施行令において規定されている基本事項の知識についての設問が多い。

　　したがって、本書のレッスン1消防関係法令Ⅰ（共通部分）に記載されている内容を中心に学習することが重要です。

⑦ 消防法令のうち、指定区分・第7類に関する部分については、漏電火災警報器の設置の義務付けされる防火対象物の要件（建物構造、用途、延べ面積、契約電力など）に関するもの及び設置に係る技術基準が中心。

　　令別表第1の防火対象物の用途区分表及び令第22条第1項に規定されている部分及び令第22条第2項、及び、これに基づく規則に規定されている設置上の技術基準が対象となっています。

　　したがって、本書のレッスン2消防関係法令Ⅱ（指定区分・第7類）に記載されている内容を中心に学習することが重要です。

⑧ 構造・機能等については、「漏電火災警報器の技術上の規格を定める省令」において、規定されているものが中心。

　　漏電火災警報器特有のものであり、しっかり覚えることが必要です。

⑨ 電気に関する基礎知識については、高校で学ぶレベルの電気に関する一般的知識が中心。

⑩ 実技試験である鑑別としては、漏電火災警報器を設置する場合に必要な工具、測定器などの種類、実物についての知識などが中心。

※　消防法令については、なかなかなじみがないと思われますが、まず本書に記載され
　ている内容を中心に、繰り返し学習して、覚えることが必要です。
　　法令に慣れることが必要なので、時間をかけて、ていねいに読み下しましょう。

※　試験本番は、身構えてしまいがちですが、これまで経験されたさまざまな試験を思
　い出し、自分に合ったやり方で落ち着いて対応することが重要です。

　本書をしっかりと学ぶことで、自信をつけることができます！　読者の皆さんのご健
闘と合格を心から祈念いたしております。

※　合格を目指し、本書を繰り返し読み、頑張りましょう。

# 目　　次

# 1 学期

## 筆記試験対策

レッスン1では、消防関係法令Iとして、第1類から第7類までの試験に共通する消防関係法令を解説しています。消防関係法令の範囲は、消防法（以下「法」という）、消防法施行令（以下「令」という）、消防法施行規則（以下「規則」という）やこれらに基づく消防庁告示等になります。

レッスン2では、消防関係法令IIとして、漏電火災警報器を設置する防火対象物、設置上の技術上の基準などについて解説しています。

レッスン3では、漏電火災警報器に関する構造・機能等について、「電気に関する部分」や「規格に関する部分」、整備については、「設置に係る工事が完了した場合における試験」や「毎年実施する総合点検の方法」について解説しています。

レッスン4では、電気に関する基礎的知識について、電気理論、電気計測や電気機器について解説しています。

# レッスン 1 消防関係法令Ⅰ（共通部分）

消防関係法令のうち1類から7類までに共通する部分であり、その対象範囲は、次の表に示すように多岐にわたりますが、消防設備士が工事・整備に係る業務を行うにあたって、必要となる知識であり全般的に理解しておく必要があります。

| 法令の名称 | 規定されている内容 |
|---|---|
| 消防法 | 火災の予防、危険物、消防の設備等、消防用機械機具等の検定等、火災の警戒、消火の活動、火災の調査等<br>消防関係の行政機関の組織、所掌事務等※ |
| 消防法施行令<br>消防法施行規則 | 火災の予防、消防用設備等、消防設備士、消防用機械器具等の検定等、登録検定機関、救急業務等 |
| 危険物の規制に関する政令<br>危険物の規制に関する規則 | 消防危険物に関する規制　指定数量以上の危険物の貯蔵取扱いの禁止と貯蔵取扱いの許可制度等 |

※ 消防法令において届出、報告等の手続き、措置命令等の発令者など消防関係行政機関の組織、所掌事務等は、基礎的知識として知っておくことが必要です。

消防関係法令の共通部分は、消防法令において規定されている内容のうち、消防設備士が業務を行うにあたって、理解しておくべき事項が重点的に出題されます。

- **1-1「消防関係法令用語」**では、「関係者」、「防火対象物」、「消防対象物」など、主として、消防法令において、基本的に使用される用語が出題されています。
- **1-2「立入検査、措置命令等」**では、主として、防火対象物の火災予防に関するものとして、命令を行う者、措置命令の要件、措置命令の内容等が出題されます。
- **1-3「防火対象物とその用途」**では、規制の対象となる防火対象物の単位として1棟規制、令8区画、廊下等により接続される場合、住宅が含まれる防火対象物の取扱いなどの基本的事項や消防法施行令別表第1に掲げられている用途区分について、特定防火対象物に該当するものや複雑化している6項の病院、社会福祉施設等の概要に関するものなどが出題されます。

● 1-4 「**防火管理・統括防火管理者**」では、防火管理者の業務、消防計画の
策定届出、防火管理について権原を有するものの業務や高層建築物などその管理
について権原が分かれているものや地下街など統括防火管理者を選任しなければ
ならない防火対象物などに関する事項が出題されます。

● 1-5 「**防火対象物の点検報告制度等**」では、点検の対象となる防火対象
物、点検を行うことのできる者の資格、点検の内容・時期、点検報告の時期等に
ついて出題されます。

● 1-6 「**防炎規制制度**」では、防炎防火対象物の範囲、防炎対象物品の種類等
について出題されます。

● 1-7 「**危険物等の規制制度**」及び 1-8 「**少量危険物・指定可燃物・
製造所等**」では、危険物の類別・品名や危険物施設の種類、圧縮アセチレンガ
スなど火災予防上届出が必要となる消防活動上障害となる物質の種類、指定可燃
物の種類・届出、指定数量未満の危険物の貯蔵・取扱い等に関する事項が出題さ
れます。

● 1-9 「**消防設備規制の体系**」では、消防用設備等の設置の義務付け、市町村
条例による付加規制や消防用設備等の種類等に関する事項が出題されます。

● 1-10 「**遡及制度と用途変更**」では、既存防火対象物に対する技術基準が改
正された場合の適用について、法令の不遡及の原則・遡及される場合の防火対象
物の要件・技術上の基準が改正された場合に遡及される消防用設備等や防火対象
物の用途を変更した場合における遡及の範囲等に関する事項が出題されます。

● 1-11 「**消防同意と設置届出・消防検査**」では、建築物の新設等の特定行
政庁が行う許可認可等に対する消防同意制度、消防用設備等の設置届出やそれに
対する消防検査等に関する事項が出題されます。

● 1-12 「**消防用設備等の点検・報告制度**」では、点検が義務付けられる防
火対象物、点検を行う者の資格、点検基準や点検要領の内容、点検期間や点検報
告の対象となる範囲、期間等に関する事項が出題されます。

● 1-13 「**消防設備士制度**」では、消防設備士の種類と業務独占の範囲、消防設
備士の試験制度、消防設備士の講習、責務、携帯義務等に関する事項が出題され
ます。

● 1-14 「**検定・自主表示・認定制度**」では、検定・自主表示の対象となっ
ている消防用機械機具等の種類、総務大臣の型式承認・届出、型式試験・型式適
合検定等の販売規制等の制度、型式失効や特例期間等さらには消防用設備等に関
する認定を受けたものの効果、認定対象品等に関する事項が出題されます。

1
学期
⬇
筆記試験対策

2
学期
⬇
実技試験対策

3
学期
⬇
模擬試験

# 1-1 消防関係法令用語

消防関係法令で使用される基本的な用語であり、表1のとおりです。 重要！

### ● 表1 重要用語一覧 ●

| 消防関係用語 | 用語の意義 |
|---|---|
| **防火対象物** | 山林又は舟車、船きょ若しくはふ頭に繋留された船舶、建築物その他の工作物若しくはこれらに属するもの。火災等の発生をあらかじめ防止するために防火安全対策を講ずべき対象 |
| 消防対象物 | 山林又は舟車、船きょ若しくはふ頭に繋留された船舶、建築物その他の工作物又は物件。物件とは、物品、品物 |
| **関係者** | 防火対象物又は消防対象物の「所有者」、「管理者」又は「占有者」 |
| 関係のある場所 | 防火対象物又は消防対象物のある場所 |
| 舟車<br>（しゅうしゃ） | 船舶安全法の規定を適用しない船舶、端舟、はしけ、被曳船、その他の船及び車両 |
| **特定防火対象物** | 令別表第1（1）項～（4）項、（5）項イ、（6）項、（9）項イ、（16）項イ、（16の2）項及び（16の3）項に掲げる防火対象物 |
| 特定1階段等<br>防火対象物 | 令別表第1（1）項から（4）項まで、（5）項イ、（6）項又は（9）項イに掲げる防火対象物の用途に供される部分が避難階以外の階に存する防火対象物で、当該避難階以外の階から避難階又は地上に直通する階段（傾斜路を含む）が2（当該階段が屋外に設けられ、又は総務省令で定める避難上有効な構造を有する場合にあっては、1）以上設けられていないもの |
| **地下街** | 地下の工作物内に設けられた店舗、事務所その他これらに類する施設で、連続して地下道に面して設けられたものと、当該地下道とを合わせたもの |
| 準地下街 | 建築物の地階（令別表第1（16の2）項（地下街）に掲げるものの各階を除く）で連続して地下道に面して設けられたものと当該地下道とを合わせたもの（令別表第1（1）項から（4）項まで、（5）項イ、（6）項又は（9）項イに掲げる防火対象物の用途に供される部分が存するものに限る） |
| **避難階** | 直接屋外の地上に出られる階。一般に1階の部分 |
| **無窓階** | 避難上又は消火活動上有効な外部に面した開口部を有していない階 |
| **高層建築物** | 高さ31mを超える建築物 |

---

📖 マメ知識 ➡➡➡ **重要用語**

　消防法令の用語に加え、建物の構造や建築基準法令の用語（耐火建築物、準耐火建築物、不燃材料、準不燃材料、難燃材料など）の知識も求められます。

**よく出る問題**

### 問 1 ─────────────────── [ 難易度 😐 😑 😖 ]

次のものは、消防法令において使用される用語であるが、不適切なものはどれか。

(1)　防火対象物の関係者には、アパートの居住者も含まれる。

(2)　無窓階とは、建物の外壁に窓や出入口がまったくない階をいう。

(3)　防火対象物には、船きょ又はふ頭に繋留された船舶が含まれる。

(4)　消防対象物には、野積みされている木材なども含まれる。

**解説**　　防火対象物の関係者は、所有者、管理者又は占有者であり、アパートの居住者は占有者とされています。

　　無窓階は、一定規模以上の面積を有する開口部が、当該階の床面積に対して $\dfrac{1}{30}$ 以下の階をいいます。

　　消防対象物には、物件が含まれます。

### 問 2 ─────────────────── [ 難易度 😐 😑 😖 ]

次のものは、消防法令において使用される用語であるが、不適切なものはどれか。

(1)　避難階とは、直接屋外の地上に出られる階であり、一般に1階の部分が該当する。

(2)　消防法令では、不特定多数の者が利用し、火災発生時の危険性が高いと認められるものの用途に着目し、特定防火対象物と称している。

(3)　高層建築物には、高さ31mを超える建築物のほかに地下階を除く階数が11階以上の建築物も含まれる。

(4)　地下街とは、地下の工作物内に設けられた店舗、事務所その他これらに類する施設で、連続して地下道に面して設けられたものと、当該地下道とを合わせたものである。

**解説**　　消防法令において高層建築物は、その階数にかかわらず高さ31mを超える建築物とされています。

#### 解答のテクニック！

　設問は、選択肢四つについて、誤っているもの又は正しいものを一つ選択するものです。選択肢の文章を正しく読み通し、誤りのある部分を特定することが重要です。

**解答** 問1 ─ (2)　　問2 ─ (3)

# 防火対象物とその用途

防火対象物は、消防法令により火災予防の観点から、用途、延べ面積や高さなどの規模、収容人員などにより、防火管理、防炎物品の使用、消防用設備等の設置などが義務付けられます。この場合の防火対象物の用途は、消防法施行令別表第1により、（1）項から（20）項までに区分されています。最も基本となるものであり、全体像や特定防火対象物（令別表第1（1）項から（4）項まで、（5）項イ、（6）項、（9）項イ、（16）項イ及び（16の2）項をいい、不特定多数の者が、利用又は出入りするもの）は、よく理解しておくことが必要です（表1参照）。**重要!**

● 表1　令別表第1 ●

※　色文字は特定防火対象物

| 項番号 | 用途区分 |
|---|---|
| （1） | イ　劇場、映画館、演芸場又は観覧場<br>ロ　公会堂又は集会場 |
| （2） | イ　キャバレー、カフェー、ナイトクラブその他これらに類するもの<br>ロ　遊技場又はダンスホール<br>ハ　風俗営業等の規制及び業務の適正化等に関する法律（昭和23年法律第122号）第2条第5項に規定する性風俗関連特殊営業を営む店舗（二並びに（1）項イ、（4）項、（5）項ロ及び（9）項イに掲げる防火対象物の用途に供されているものを除く）その他これに類するものとして総務省令で定めるもの<br>ニ　カラオケボックスその他遊興のための設備又は物品を個室（これに類する施設を含む）において客に利用させる役務を提供する業務を営む店舗で総務省令で定めるもの |
| （3） | イ　待合、料理店その他これらに類するもの<br>ロ　飲食店 |
| （4） | 百貨店、マーケットその他の物品販売業を営む店舗又は展示場 |
| （5） | イ　旅館、ホテル、宿泊所その他これらに類するもの<br>ロ　寄宿舎、下宿、又は共同住宅 |
| （6） | イ　次に掲げる防火対象物<br>（1）特定病院<br>　次のいずれにも該当する病院（火災発生時の延焼を抑制するための消火活動を適切に実施することができる体制を有するものとして総務省令で定めるものを除く）<br>（ⅰ）診療科名中に特定診療科名（内科、整形外科、リハビリテーション科その他の総務省令で定める診療科名をいう。（2）（ⅰ）において同じ）を有すること。<br>（ⅱ）医療法（昭和23年法律第205号）第7第2項第4号に規定する療養病床又は同項第5号に規定する一般病床を有すること。<br>（2）特定診療所<br>　次のいずれにも該当する診療所<br>（ⅰ）診療科名中に特定診療科名を有すること。<br>（ⅱ）4人以上の患者を入院させるための施設を有すること。<br>（3）非特定医療機関（有床系）<br>　病院（（1）に掲げるものを除く）、患者を入院させるための施設を有する診療所（（2）に掲げるものを除く）又は入所施設を有する助産所 |

　（4）　非特定医療機関（無床系）

　　　　患者を入院させるための施設を有しない診療所、又は入所施設を有しない助産所

　ロ　次に掲げる防火対象物

（1）　老人短期入所施設、養護老人ホーム、特別養護老人ホーム、軽費老人ホーム（介護保険法（平成9年法律第123号）第7条第1項に規定する要介護状態区分が避難が困難な状態を示すものとして総務省令で定める区分に該当する者（以下「避難が困難な要介護者」という）を主として入居させるものに限る）、有料老人ホーム（避難が困難な要介護者を主として入居させるものに限る）、介護老人保健施設、老人福祉法（昭和38年法律第133号）第5条の2第4項に規定する老人短期入所事業を行う施設、同条第5項に規定する小規模多機能型居宅介護事業を行う施設（避難が困難な要介護者を主として宿泊させるものに限る）、同条第6項に規定する認知症対応型老人共同生活援助事業を行う施設その他これらに類するものとして総務省令で定めるもの

（2）　救護施設

（3）　乳児院

（4）　障害児入所施設

（5）　障害者支援施設（障害者の日常生活及び社会生活を総合的に支援するための法律（平成17年法律第123号）第4条第1項に規定する障害者、又は同条第2項に規定する障害児であって、同条第4項に規定する障害支援区分が避難が困難な状態を示すものとして総務省令で定める区分に該当する者（以下「避難が困難な障害者等を主として入所させるものに限る。ハ（5）において「短期入所等施設」という）

　ハ　次に掲げる防火対象物

（1）　老人デイサービスセンター、軽費老人ホーム（ロ（1）に掲げるものを除く）、老人福祉センター、老人介護支援センター、有料老人ホーム（ロ（1）に掲げるものを除く）、老人福祉法第5条の2第3項に規定する老人デイサービス事業を行う施設、同条第5項に規定する小規模多機能型居宅介護事業を行う施設（ロ（1）に掲げるものを除く）その他これらに類するものとして総務省令で定めるもの

（2）　更生施設

（3）　助産施設、保育所、幼保連携型認定こども園、児童養護施設、児童自立支援施設、児童家庭支援センター、児童福祉法（昭和22年法律第164号）第6条の3第7項に規定する一時預かり事業、又は同条第9項に規定する家庭的保育事業を行う施設その他これらに類するものとして総務省令で定めるもの

（4）　児童発達支援センター、情緒障害児短期治療施設、又は児童福祉法第6条の2の2第2項に規定する児童発達支援若しくは同条第4項に規定する放課後等デイサービスを行う施設（児童発達支援センターを除く）

（5）　身体障害者福祉センター、障害者支援施設（ロ（5）に掲げるものを除く）、地域活動支援センター、福祉ホーム、又は障害者の日常生活及び社会生活を総合的に支援するための法律第5条第7項に規定する生活介護、同条第8項に規定する短期入所、同条第12項に規定する自立訓練、同条第13項に規定する就労移行支援、同条第14項に規定する就労継続支援若しくは同条第15項に規定する共同生活援助を行う施設（短期入所等施設を除く）

　ニ　幼稚園又は特別支援学校

| （7） | 小学校、中学校、義務教育学校、高等学校、中等教育学校、高等専門学校、大学、専修学校、各種学校その他これらに類するもの |
| --- | --- |
| （8） | 図書館、博物館、美術館その他これらに類するもの |
| （9） | イ　公衆浴場のうち、蒸気浴場、熱気浴場その他これらに類するもの<br>ロ　イに掲げる公衆浴場以外の公衆浴場 |

1学期　→　筆記試験対策

2学期　→　実技試験対策

3学期　→　模擬試験

| (10) | 車両の停車場、又は船舶若しくは航空機の発着場<br>（旅客の乗降又は待合いの用に供する建築物に限る） |
|---|---|
| (11) | 神社、寺院、教会その他これらに類するもの |
| (12) | イ　工場又は作業場<br>ロ　映画スタジオ又はテレビスタジオ |
| (13) | イ　自動車車庫又は駐車場<br>ロ　飛行機又は回転翼航空機の格納庫 |
| (14) | 倉庫 |
| (15) | 前各項に該当しない事業場 |
| (16) | イ　複合用途防火対象物のうち、その一部が（1）項から（4）項まで、（5）項イ、<br>　（6）項ロ又は（9）項イに掲げる防火対象物の用途に供されているもの<br>ロ　イに掲げる複合用途防火対象物以外の複合用途防火対象物 |
| (16の2) | 地下街 |
| (16の3) | 建築物の地階（16の2）項に掲げるものの各階を除く）で連続して地下道に面して設けられたものと当該地下道とを合わせたもの（（1）項から（4）項まで、（5）項イ、<br>（6）項ロ又は（9）項イに掲げる防火対象物の用途に供される部分が存するものに限る） |
| (17) | 文化財保護法（昭和25年法律第214号）の規定によって重要文化財、重要有形民俗文化財、史跡若しくは重要な文化財として指定され、又は旧重要美術品等の保存に関する法律（昭和8年法律第43号）の規定によって重要美術品として認定された建造物 |
| (18) | 延長50m以上のアーケード |
| (19) | 市町村長の指定する山林 |
| (20) | 総務省令で定める舟車 |

備考

1　2以上の用途に供される防火対象物で第1条の2第2項後段の規定の適用により複合用途防火対象物以外の防火対象物となるものの主たる用途が（1）項から（15）までの各項に掲げる防火対象物の用途であるときは、当該防火対象物は、当該各項に掲げる防火対象物とする。

2　（1）項から（16）項までに掲げる用途に供される建築物が（16の2）項に掲げる防火対象物内に存するときは、これらの建築物は、同項に掲げる防火対象物の部分とみなす。

3　（1）項から（16）項までに掲げる用途に供される建築物又はその部分が（16の3）項に掲げる防火対象物の部分に該当するものであるときは、これらの建築物又はその部分は、同項に掲げる防火対象物の部分であるほか、（1）項から（16）項に掲げる防火対象物又はその部分でもあるものとみなす。

4　（1）項から（16）項までに掲げる用途に供される建築物その他の工作物又はその部分が（17）項に掲げる防火対象物に該当するものであるときは、これらの建築物その他の工作物又はその部分は、同項に掲げる防火対象物であるほか、（1）項から（16）項までに掲げる防火対象物又はその部分でもあるものとみなす。

**学習法のヒント！**

　令別表第1に掲げる用途区分は、消防用設備等の設置の義務付けに係る基準の基本になるものであり、しっかり覚えておく必要があります。単に項番号のみでなく、代表的な用途の例も併せて記憶しましょう。

## ✎ よく出る問題 ✎

### 問 ① ──────────────── 【 難易度 ☺ ☺ 😣 】

次のものは、防火対象物の用途に関する記述であるが、消防法令上誤っているものはどれか。

(1)　地下街（令別表第1（16の2）項）にある令別表第1（1）項から（16）項までに掲げる用途に該当する防火対象物又はその部分は、当該地下街の部分とみなされる。

(2)　重要文化財等である建造物（令別表第1（17項）にある令別表第1（1）項から（16）項までに掲げる用途に該当する防火対象物又はその部分は、当該重要文化財等である建造物の部分とみなされる。

(3)　準地下街（令別表第1（16の3）項）にある令別表第1（1）項から（16）項までに掲げる用途に該当する防火対象物又はその部分は、当該準地下街の部分であるほか、（1）項から（16）項に掲げる防火対象物又はその部分でもあるものとみなされる。

(4)　2以上の用途に供される防火対象物で複合用途防火対象物以外の防火対象物となるものの主たる用途が（1）項から（15）までの各項に掲げる防火対象物の用途であるときは、当該防火対象物は、当該各項に掲げる防火対象物とみなされる。

 **解説**　　重要文化財等である建造物（令別表第1（17項）にある令別表第1（1）項から（16）項までに掲げる用途に該当する防火対象物又は部分は、当該重要文化財等である建造物の部分であるほか、（1）項から（16）項に掲げる防火対象物又はその部分でもあるものとみなされます。

### 問 ② ──────────────── 【 難易度 ☺ ☺ 😣 】

次のものは、防火対象物の用途に関する記述であるが、消防法令上誤っているものはどれか。

(1)　複合用途防火対象物（令別表第1（16）項）のうち、特定用途防火対象物に該当する用途の防火対象物又はその部分があるものは、（16）項イに該当する。

(2)　義務教育学校（令別表第1（7）項）は、小学校及び中学校に係る教育課程を一貫して行う学校である。

(3)　令別表第1（6）項イ及び路に掲げる防火対象物は、一般的に入院や入所の用に供されるものである。

(4)　専ら個人の住宅の用途に供されるものは、令別表第1（5）項ロに含まれる。

 **解説**　　令別表第1に掲げる防火対象物には、専ら個人の住宅の用途に供されるものは含まれません。

**解答** 問1-（2）　　問2-（4）

# 消防設備規制の体系

重要度 🖋🖋🖋

## (1) 消防設備規制の体系（法第4章）

　消防法令における消防設備規制に係る体系には、「ルートA（仕様書的規定）」（法第17条第1項、令第2章第3節の技術基準によるもの）、「ルートB（性能規定客観的検証法）」（法第17条第1項、令第29条の4）、及び「ルートC（大臣認定による特殊消防用設備等）」（法第17条第3項）の三つのルートがあります。

### ① ルートA（仕様的規定）

　法第17条第1項の規定に基づく消防設備規制で、「通常用いられている消防用設備等」として、消防用設備等を設置すべき防火対象物、設置すべき消防用設備等の構造、機能などについて、具体的な技術上の基準が、令第2章で規定されています。主な内容は、次のとおりです。

　　a）　防火対象物の指定

　　　　消防用設備等を設置し、維持すべき防火対象物は、表1「令別表第1」（p.6）に掲げる用途に供される防火対象物とされています。

　　b）　消防用設備等の種類

　　　　消防用設備等は、消防用に供する設備、消防用水及び消火活動上必要な施設とされ、それぞれ表1に掲げるとおりです。

### ② ルートB（性能規定、客観的検証法）

　「通常用いられている消防用設備等」に関する技術上の基準について、要求している防火安全性能を示し、防火対象物に設置されている消防設備等が要求している性能を満たすことが確認されたかを客観的、普遍的かつ公正に評価できる手法が規定されています。

　法第17条第1項に掲げる防火対象物の関係者は、通常用いられる消防用設備等に代えて、総務省令で定めるところにより消防長又は消防署長が、その防火安全性能が当該通常用いられる消防用設備等の防火安全性能と同等以上であると認められる「必要とされる防火安全性能を有する消防の用に供する設備等」を用いることができます。

　「必要とされる防火安全性能を有する消防の用に供する設備等」とは、消防の用に供する設備、消防用水、消火活動上必要な施設が該当します。必要とされる防火安全性能は、「火災の拡大を初期に抑制する性能」、「火災時に安全に避難することを支援する性能」、「消防隊による活動を支援する性能」とされています。そして、設置維持義務、設置時における消防長又は消防署長への届出及び検査、点検及び消防長又は消防署長への報告義務、消防設備士の業務独占の対象及び着工届けの対象、消防長又は消防署長の設置維持命令、登録認定機関による消防用設備等の認定が規定されています。

## ● 表 1　消防用設備等の種類 ●

<table>
<tr><td rowspan="20">消防の用に供する設備</td><td colspan="2">消火設備：水その他消火剤を使用して消火を行う機械器具又は設備</td></tr>
<tr><td>①</td><td>消火器及び簡易消火用具<br>（水バケツ、水槽、乾燥砂、膨張ひる石、又は膨張真珠岩）</td></tr>
<tr><td>②</td><td>屋内消火栓設備<br>（1 号消火栓、易操作型 1 号消火栓、2 号消火栓、広範囲型 2 号消火栓）</td></tr>
<tr><td>③</td><td>スプリンクラー設備（補助散水栓を含む）</td></tr>
<tr><td>④</td><td>水噴霧消火設備</td></tr>
<tr><td>⑤</td><td>泡消火設備</td></tr>
<tr><td>⑥</td><td>不活性ガス消火設備（二酸化炭素、窒素、IG55 、IG541）</td></tr>
<tr><td>⑦</td><td>ハロゲン化物消火設備<br>（ハロン 1301、2402,1211、HFC‐23、HFC‐227ea、FK‐5‐1‐12）</td></tr>
<tr><td>⑧</td><td>粉末消火設備（第 1 種、第 2 種、第 3 種、第 4 種）</td></tr>
<tr><td>⑨</td><td>屋外消火栓設備</td></tr>
<tr><td>⑩</td><td>動力消防ポンプ設備</td></tr>
<tr><td colspan="2">警報設備：火災の発生を報知する機械器具又は設備</td></tr>
<tr><td>①</td><td>自動火災報知設備<br>（感知器、発信機、中継器、受信機、地区音響装置）</td></tr>
<tr><td>②</td><td>ガス漏れ火災警報設備<br>（液化石油ガスの保安の確保及び取引の適正化に関する法律に規定する液化石油ガス販売事業によりその販売がされる液化石油ガスの漏れを検知するためのものを除く）</td></tr>
<tr><td>③</td><td>漏電火災警報器<br>（変流器、受信機）</td></tr>
<tr><td>④</td><td>消防機関へ通報する火災報知設備<br>（火災通報装置）</td></tr>
<tr><td>⑤</td><td>警鐘、携帯用拡声器、手動式サイレンその他の非常警報器具<br>非常警報設備（非常ベル、自動式サイレン、放送設備）</td></tr>
<tr><td colspan="2">避難設備：火災が発生した場合において避難するために用いる機械器具又は設備</td></tr>
<tr><td>①</td><td>すべり台、避難はしご、救助袋、緩降機、避難橋その他の避難器具</td></tr>
<tr><td>②</td><td>誘導灯及び誘導標識</td></tr>
<tr><td colspan="2">消防用水</td><td>防火水槽又はこれに代わる貯水池その他の用水</td></tr>
<tr><td colspan="2">消火活動上必要な施設</td><td>排煙設備、連結散水設備、連結送水管、非常コンセント設備及び無線通信補助設備</td></tr>
<tr><td colspan="2">必要とされる防火安全性能を有する消防の用に供する設備等</td><td>法第 17 条第 1 項に規定する政令（令第 7 条）で定める消防の用に供する設備、消防用水及び消火活動上必要な施設</td></tr>
</table>

| 総務省令 | 対象となる防火対象物 | 代替される消防用設備等 |
|---|---|---|
| ●必要とされる防火安全性能を有する消防の用に供する設備等に関する省令（平成 16 年総務省令 92 号） | 耐火建築物 6 階以下、延べ面積 3000 m² 以下など<br><br>延べ面積 10000 m² 以下など | ○パッケージ型消火設備<br>　↑　屋内消火栓設備<br><br>○パッケージ型自動消火設備<br>　↑　スプリンクラー設備 |
| ●**特定共同住宅等**における必要とされる防火安全性能を有する消防の用に供する設備等に関する省令（平成 17 年総務省令 40 号） | 特定共同住宅など | ○**住宅用消火器及び消火器具**<br>　↑　消火器具、屋内消火栓設備<br>○**共同住宅用スプリンクラー設備**<br>　↑　スプリンクラー設備、屋外消火栓設備、動力消防ポンプ設備<br>○**共同住戸用自動火災報知設備**<br>　↑　自動火災報知設備 |
| ●**特定小規模施設**における必要とされる防火安全性能を有する消防の用に供する設備等に関する省令（平成 20 年総務省令 156 号） | 個室ビデオ店、グループホームなどで延べ面積 300 m² 未満など | ○**特定小規模施設用自動火災報知設備**<br>　↑　自動火災報知設備 |
| ●**排煙設備**に代えて用いることができる必要とされる防火安全性能を有する消防の用に供する設備等に関する省令（平成 21 年総務省令 88 号） | デパート、駐車場の地階、無窓階で床面積 1000 m² 以上など | ○**加圧防排煙設備**<br>　↑　排煙設備 |
| ●**複合型居住施設**における必要とされる防火安全性能を有する消防の用に供する設備等に関する省令（平成 22 年総務省令 7 号） | 共同住宅の一部をグループホームなどに供するもので述べ面積 500 m² 未満など | ○**複合型居住施設用自動火災報知設備**<br>　↑　自動火災報知設備 |
| ●**特定駐車場**における必要とされる防火安全性能を有する消防の用に供する設備等に関する省令（平成 26 年総務省令 23 号） | 特定駐車場 | ○**特定駐車場用泡消火設備**<br>　↑　泡消火設備 |

　必要とされる防火安全性能を有する消防の用に供する設備等（令第 29 条の 4）として、定められている総務省令は、表 2 のとおりです。

③　**ルート C（大臣認定特殊消防用設備等）**

　特殊の消防用設備等その他の設備等（特殊消防用設備等）については、防火対象物ごとに「設備等設置維持計画」を策定し、高度な技術的見識を有する性能評価機関について検証を行い、その性能評価の結果を踏まえて総務大臣が認定を行うことにより、新たな技術を用いた特殊消防用設備等の設置を可能とするものです。

　特殊消防用設備等を設置しようとする場合には、防火対象物ごとに性能評価機関の評価結果に基づき、総務大臣がその性能を審査し、必要な性能を有するものについては設置することができるものです。**特殊消防用設備等**は、消防用設備等と同様に「**設置維持**

義務」、「設置時における消防長又は消防署長への届出及び検査」、「点検及びその結果の消防長又は消防署長への報告義務」、「消防長又は防署長の設置維持命令」などの対象となります（法17条3項、法17条の2から法17条の2の4まで）。

## (2)　消防用設備等の設置規制（法第17条）［重要！］

### ①　消防用設備等の設置単位

消防用設備等の設置単位は、特段の規定のない限り、棟単位を原則として設備規制が適用されます。

しかし、この原則に対して例外があるほか、渡り廊下などで接続されている場合の棟の取扱いについては、次のようになっています。

**a)　開口部のない耐火構造の床又は壁で区画されている場合（令8条）**

防火対象物が開口部のない耐火構造の床又は壁で区画されているとき、その区画された部分は、消防用設備等の技術上の基準の適用において、それぞれ別の防火対象物とみなされます。

**b)　複合用途防火対象物の取扱い（令第9条）**

消防用設備等に関する技術上の基準は、「防火対象物の用途ごと」に定められており、複合用途防火対象物（令別表第1（16）項に掲げる防火対象物）については、この原則を適用することはできないとされています。

このため、令別表第1（1）項から（15）項までに掲げる防火対象物の用途に該当する部分の消防用設備等の設置、維持に関する技術上の基準の適用は、原則として、その用途に供される部分をそれぞれ一の防火対象物とみなして適用されます。

ただし、スプリンクラー設備、自動火災報知設備、ガス漏れ火災警報設備、漏電火災警報器、非常警報設備、避難器具及び誘導灯については、この例外が適用されず、全体を一の防火対象物として設置が義務付けられます。

**c)　地下街の場合**

地下街の場合は、いくつかの用途に供されていても、地下街全体が令別表第1（16の2）項に掲げる防火対象物として消防用設備等に関する技術上の基準が適用されます。

**d)　地下街と防火対象物の地階が接続されている場合（令9条の2）**

特定防火対象物の地階で、地下街と一体をなすものとして、消防長又は消防署長が指定したものは、スプリンクラー設備の基準、自動火災報知設備の基準及び非常警報設備の基準の適用については、「地下街の一部」とみなして基準が適用されます。

e) 渡り廊下などで防火対象物を接続した場合

　防火対象物と防火対象物が渡り廊下（その他これに類するものを含む）、地下連絡路（その他これに類するものを含む）又は洞道（換気、暖房又は冷房の設備の風道、給排水管、配電管などの配管類、電線類など）で接続されている場合は、原則として1棟と取り扱われます。ただし、接続部分が一定の防火措置を講じている場合には、別の防火対象物として取り扱われます。

② 消防用設備等の設置基準の付加条例（法第17条第2項）

　気候又は風土の特殊性により、法第17条第1項の消防用設備等の技術上の基準に関す政令に基づく命令の規定だけでは防火の目的を十分に達しがたいと認める場合、市町村は、同項の消防用設備等の技術上の基準に関して、当該政令又はこれに基づく命令の規定と異なる規定を設けることができることとされ、この追加された規定が「付加条例」といわれます。

## (3) 特例（法17条1項、令32条）

　消防用設備等の技術基準（法第17条第1項に規定するもの）について、消防長又は消防署長が、防火対象物の位置、構造、又は設備の状況から判断して、この消防用設備等の基準によらなくとも、火災の発生又は延焼のおそれが著しく少なく、かつ、火災などの災害による被害を最小限に止めることができると認めるときにおいては、適用しないとされています。

---

📖 マメ知識 ➡➡➡ 消防用設備等の設置を必要とする防火対象物

　消防用設備等の設置を必要とする防火対象物は、原則として、1棟とみなせる建築物ごとに、その用途、規模（延べ面積、床面積、階数、高さなど）、収容人員などに応じて、法令において規定されています。

　この場合において、1棟とみなせる取扱いに次のようなものがあります。
① 建築物が令8区画（消防法施行令第8条に規定されている区画）により区分されている場合
　　→ それぞれ別の防火対象物とみなされる。
② 建築物相互が渡り廊下、地下連絡路又は洞道で接続されている場合
　　→ 原則として1の防火対象物として取り扱われる。ただし、接続部分が一定の防火措置を講じている場合は、別の防火対象物として取り扱われる。

　消防用設備等は、次のように区分されています。
① 消防用設備等
　　・通常用いられている消防用設備等（法第17条第1項）
　　・市町村条例による付加される消防用設備等（法第17条第2項）
　　・必要とされる防火安全性能を有する消防の用に供する設備等（法第17条第1項）
② 特殊消防用設備等（法第17条第3項）

## よく出る問題

### 問 1 ────────────── [ 難易度 ☺ ☺ ☹ ]

次のものは、消防用設備等に関する記述であるが、消防法令上誤っているものはどれか。

(1) 連結散水設備は、消火設備に含まれる。
(2) 消防の用に供する設備には、消火設備、警報設備及び避難設備がある。
(3) 消防用水とは、防火水槽又はこれに代わる貯水池その他の用水である。
(4) 消防用設備等とは、消防の用に供する設備、消防用水及び消火活動上必要な施設である。

 **解説** 連結散水設備は、消火活動上必要な施設に含まれます。

### 問 2 ────────────── [ 難易度 ☺ ☺ ☹ ]

次のものは、消防用設備等の基準に関する記述であるが、消防法令上誤っているものはどれか。

(1) 市町村は、気候又は風土の特殊性により、法第 17 条第 1 項の消防用設備等の技術上の基準だけでは防火の目的を十分に達しがたいと認める場合、条例により基準の強化を行うことができる。
(2) 必要とされる防火安全性能を有する消防の用に供する設備等には、消防の用に供する設備、消防用水、消火活動上必要な施設が該当する。
(3) 消防長又は消防署長は、新たな消防用設備等について、防火対象物の位置、構造、又は設備の状況から、火災の発生又は延焼のおそれが著しく少なく、かつ、火災等の災害による被害を最小限に止めることができると認めるときにおいては、特例を適用し認めることができる。
(4) 必要とされる防火安全性能とは、「火災の拡大を初期に抑制する性能」、「火災時に安全に避難することを支援する性能」及び「消防隊による活動を支援する性能」である。

 **解説** 消防長又は消防署長が特例を適用できるのは、防火対象物の位置、構造、又は設備の状況から判断して、火災の発生又は延焼のおそれが著しく少なく、かつ、火災などの災害による被害を最小限に止めることができると認められる場合とされています。

**解答** 問 1 − (1)　　問 2 − (3)

# 1-4 消防同意と設置届出・消防検査

重要度 ▰▰▰

## (1) 建築許可等の消防同意（法第7条）[重要!]

　建築基準法第6条の規定により、表1に示す建築物（一定の条件を満たす戸建住宅などを除く）の新築、改築、修繕などの工事に着手する者は、その計画が建築物の敷地、構造、建築設備などに関する法令の規定に適合することの**確認申請**をする必要があるとされています。

　この場合の申請先は、許可、認可又は確認をする権限のある行政庁若しくは委任を受けた者又は指定確認検査機関とされています。

　表1に掲げる建築物等の場合、許可、認可又は確認をする権限を有する行政庁等は、申請対象となる工事施工地、所在地を管轄する**消防長（消防本部を置かない市町村にあっては、市町村長）又は消防署長の同意（消防同意）**が必要とされています。

### ● 表1　消防同意の対象 ●

| 区　域 | | 用途及び構造 | 規　模 | 工　事 |
|---|---|---|---|---|
| 全　国 | 1 | 学校、病院、診療所、劇場、映画館、公会堂、百貨店、旅館、共同住宅、自動車車庫 | 用途に関する床面積が100 m² を超えるもの | 建築、大規模な修繕、大規模な模様替え、用途変更（1に該当する場合に限る） |
| | 2 | 木造 | 3階以上の階を有し、又は延べ面積500 m²、高さ13 m 若しくは高さ9 m を超えるもの | |
| | 3 | 木造以外 | 2階以上の階を有し、又は延べ面積200 m² を超えるもの | |
| 都市計画区域及び知事の指定区域内 | 4 | 上記1から3までを除く建築物で一定のもの | | 建築 |

　なお、消防同意を必要としない建築物の場合には、建築許可関係者から消防機関への通知をすることとされています。その判断の例は、図1のとおりとされています。

## (2) 消防用設備等・特殊消防用設備等の設置届出・消防検査（法第17条の3の2）

　防火対象物の関係者は、消防用設備等又は特殊消防用設備等を設置したとき、その旨を消防長又は消防署長に届け出て、**検査を受け、検査済証の交付を受ける**必要があります。

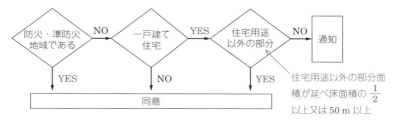

・建築物は、棟ごとに判断される。
・増築の場合には、増築後の用途・規模・構造等により判断される。
・敷地が防火・準防火地域の内外にかかる場合、建築物が一部でも防火・準防火地域内にかかれば、防火・準防火地域内にあるとされる。

● 図1　消防同意・通知の判断フロー ●

① 届出期間と方法

消防用設備等または特殊消防用設備等の設置工事が完了した場合、**4日以内に消防用設備等（特殊消防用設備等）設置届出書**に、試験結果報告書と関係図書を添付して、消防長（消防本部を置かない市町村は、市町村長）又は消防署長に届出をすることとなります。

② 消防検査及び検査済証の交付

消防長又は消防署長は、届出があった場合、当該防火対象物に設置された消防用設備等（特殊消防用設備等）について、遅滞なく、法第17条第1項の政令若しくはこれに基づく命令、同条第2項の規定に基づく条例で定める技術上の基準（設備等技術基準）又は法第17条第3項に規定する設備等設置維持計画に適合しているかどうかを**検査**し、適合していると認める場合には、**検査済証を交付する**こととされています。

③ 設置届出及び消防検査が必要な防火対象物

消防用設備等及び特殊消防用設備等を設置した場合に**設置届出及び消防検査が必要な防火対象物は表2**のとおりです。

ただし、**簡易消火用具**（水バケツや乾燥砂）や**非常警報器具**（拡声器など）を設置した場合は、消防検査を受ける必要はありません。

● 表 2　設置届出及び消防検査が必要な防火対象物 ●

| 区　分 | 防火対象物 |
|---|---|
| (1) | 特定防火対象物で延べ面積が 300 m² 以上のもの |
| (2) | 非特定防火対象物で延べ面積が 300 m² 以上のもので、かつ、消防長又は消防署長が指定したもの |
| (3) | 延べ面積にかかわらず、自動火災報知設備の設置義務が生じる用途（以下、令別表第 1 の区分）<br>・2 項ニ　（カラオケボックス等）<br>・5 項イ　（旅館、ホテル等）<br>・6 項イ　（病院、診療所で入院施設を有するもの）<br>・6 項ロ　（要介護者の老人ホーム、老人短期入所施設等）<br>・6 項ハ　（老人デイサービスセンター、保育所等で宿泊施設を有するもの）<br>・16 項イ　（上記の特定用途区分を含む複合用途防火対象物） |
| (4) | 特定 1 階段等防火対象物 |

📖 マメ知識 ➡➡➡　消防用設備等に係る設置届出

　消防同意にかかる手数料については、当該同意に係る手数料として納付の必要はありません。これは、消防同意が建築確認等に伴う行政機関内部の手続きとされており、その手数料は、建築確認等に伴う手数料に含まれていると解されています。

　防火対象物の関係者が消防用設備等を設置した場合における届出は、消防長（消防本部を置かない市町村にあっては市町村長）又は消防署長に行うこととされています。
　この場合の届出は、当該防火対象物に設置されるすべての消防用設備について、一括して行うこととされています。

　消防検査は、原則として、消防用設備等に係る設置届出が行われた後に行うこととされています。しかしながら、建築物が完成した後において、消防用設備等の設置状況を確認することができない部分等がある場合には、あらかじめ中間検査などとして行う場合があります。これの取扱いについては、あらかじめ、消防設備士が行う着工届出等の際に事前相談、確認などをしておくことが重要です。

## ✎ よく出る問題 ✐

### 問 1 ──────────────────── [ 難易度 ☺ ☺ ☹ ]

次のものは、建築確認に対する消防同意に関する記述であるが、消防法令上誤っているものはどれか。

(1) 建築確認を行うのは、許可、認可又は確認をする権限のある行政庁若しくは委任を受けた者又は指定確認検査機関である。

(2) 消防同意は、建託確認の対象となる工事施工地、所在地を管轄する消防長（消防本部を置かない市町村にあっては、市町村長）又は消防署長である。

(3) 消防同意を必要とする建築物には、木造3階以上の階を有し、又は延べ面積500 m²、高さ13 m 若しくは高さ9 m を超えるものが含まれている。

(4) 消防同意は、建築物（一定の条件を満たす戸建住宅などを除く）の新築、改築、修繕などの工事に着手する者に対して、直接行われる。

**解説** 消防同意は、行政機関等の内部手続きとされており、建築確認を行う許可、認可又は確認をする権限のある行政庁若しくは委任を受けた者又は指定確認検査機関とされています。

### 問 2 ──────────────────── [ 難易度 ☺ ☺ ☹ ]

次のものは、消防用設備等及び特殊消防用設備等の設置届出及び消防検査に関する記述であるが、消防法令上誤っているものはどれか。

(1) 設置届出は、当該防火対象物の設置場所を管轄する消防長（消防本部を置かない市町村は、市町村長）又は消防署長に対して行う。

(2) 設置届出は、消防用設備等又は特殊消防用設備等の設置工事が完了した場合、4日以内に行うこととされている。

(3) 消防用設備等及び特殊消防用設備等の設置届出は、当該設置工事を実施した消防設備士が行う。

(4) 消防長（消防本部を置かない市町村は、市町村長）又は消防署長は、設置届出があった場合、検査を行い消防法令に適合している場合には、検査済証を交付する。

**解説** 設置届出は、防火対象物に設置が必要とされる消防用設備等又は特殊消防用設備等を設置したときに、当該防火対象物の関係者が行うものであり、当該消防用設備等の設置工事に係る消防設備士には、義務付けられていません。

**解答** 問1－(4)　　問2－(3)

# 消防用設備等の点検・報告制度

重要度

　防火対象物に設置した消防用設備等又は特殊消防用設備等については、定期的に点検し、その結果を消防機関に報告する必要があります（法第 17 条の 3 の 3）。重要!

## (1) 有資格者による点検が必要な防火対象物

　消防設備士又は消防設備点検資格者による点検が必要な防火対象物は、表 1 のとおりとなっています。

### ● 表 1　有資格者による点検が必要な防火対象物 ●

| 区　分 | 防火対象物 |
|---|---|
| (1) | 特定防火対象物で、延べ面積が **1000 m²** 以上のもの。 |
| (2) | 特定防火対象物以外の防火対象物で、延べ面積が **1000 m²** 以上のもののうち、消防長又は消防署長が火災予防上必要があると認めて指定したもの。 |
| (3) | 令別表第 1（1）項から（4）項まで、（5）項イ、（6）項及び（9）項イに掲げる防火対象物の用途に供される部分が避難階以外の階から避難階又は地上に直通する階段（傾斜路を含む）が 2（当該階段が屋外に設けられている階段、特別避難階段及び消防庁長官の定める屋内避難階段等（平 14 消告 7）が設けられている場合にあっては、1）以上設けられていないもの。 |
| 対象外 | 舟車（令別表第 1（20）項に掲げる防火対象物） |

## (2) 点検の結果の報告時期

　防火対象物の関係者は、点検の結果を維持台帳に記録するとともに、点検結果の報告を特定防火対象物の場合は **1 年に 1 回**、また、非特定防火対象物の場合は **3 年に 1 回**、消防長（消防本部を置かない市町村は、当該市町村長）又は消防署長に行う必要があります。

### ● 表 2　点検内容と方法 ●

| 機器点検 | ①　消防用設備等に付置される非常電源（自家発電設備に限る）又は動力ポンプ設備の正常な作動<br>②　消防用設備等の機器の適切な配置、損傷等の有無その他主として外観から判別できる事項<br>③　消防用設備等の機能について、外観から又は簡易な操作により判別できる事項 |
|---|---|
| 総合点検 | 消防用設備等の全部又は一部を作動させ、又は当該消防用設備等を使用することにより、当該消防用設備等の総合的な機能を消防用設備等の種類に応じ、告示で定める基準に従い確認する。 |

## （3）点検内容と方法

①　点検内容と方法は、表2のとおりです。なお、特殊消防用設備等は、設備等設置維持計画によることとされています。

②　点検基準と点検票

点検基準及び点検結果を記載する点検票は、「**消防用設備等の点検の基準及び消防用設備等点検結果報告書に添付する点検票の様式を定める件**」（昭和50年消防庁告示第14号）に規定されています。

③　点検要領

点検要領は、点検を行う場合の点検方法、判定方法などが点検項目ごとに示されており、「消防用設備等の点検要領の全部改正について」（平成14年6月11日付 消防予第172号。以下「点検要領」という）により通知されています。

## （4）点検の期間

消防用設備等の点検期間は、表3のとおりとされています。なお、特殊消防用設備等は、設備等設置維持計画に定める期間で行うこととなります。

### ● 表3　点検の内容、期間 ●

| 消防用設備等の種類等 | 点検の内容及び方法 | 点検の期間 |
|---|---|---|
| 消火器具、消防機関へ通報する火災報知設備、誘導灯、誘導標識、消防用水、非常コンセント設備、無線通信補助設備及び共同住宅用非常コンセント設備 | 機器点検 | 6か月に1回 |
| 屋内消火栓設備、スプリンクラー設備、水噴霧消火設備、泡消火設備、二酸化炭素消火設備、ハロゲン化物消火設備、粉末消火設備、屋外消火栓設備、動力消防ポンプ設備、自動火災報知設備、ガス漏れ火災警報設備、漏電火災警報器、非常警報器具及び設備、避難器具、排煙設備、連結散水設備、連結送水管、非常電源（配線の部分を除く）、総合操作盤、パッケージ型消火設備、パッケージ型自動消火設備、共同住宅用スプリンクラー設備、共同住宅用自動火災報知設備、住戸用自動火災報知設備、共同住宅用非常警報設備、共同住宅用連結送水管、特定小規模施設用自動火災報知設備、加圧防排煙設備、複合型居住施設用自動火災報知設備及び特定駐車場用泡消火設備 | 機器点検　総合点検 | 6か月に1回　1年に1回 |
| 配線 | 総合点検 | 1年に1回 |

## （5）消防設備士、消防設備点検資格者が点検を行える消防用設備等の種類

①　消防設備士の指定区分に応じて、消防設備士が点検を行うことができる消防用設備等は、表紙裏（表見返し左）の表に示すとおりとなっています。

② 消防設備点検資格者のうち、特種消防設備点検資格者、第1種消防設備点検資格者及び第2種消防設備点検資格者が点検を行うことができる消防用設備等の種類は、表4に示すとおりです。

● 表4 消防設備点検資格者が点検できる消防用設備等又は特殊消防用設備等 ●

| 消消防設備点検資格者の種類 | 消防用設備等又は特殊消防用設備等の種類 | |
|---|---|---|
| 特種消防設備点検資格者 | **特殊消防用設備等** | |
| 第一種消防設備点検資格者 | 消防用設備等 | 消火器具、屋内消火栓設備、スプリンクラー設備、水噴霧消火設備、泡消火設備、不活性ガス消火設備、ハロゲン化物消火設備、粉末消火設備、屋外消火栓設備、動力消防ポンプ設備、消防用水、連結散水設備及び連結送水管 |
| | **必要とされる防火安全性能を有する消防の用に供する設備等** | パッケージ型消火設備、パッケージ型自動消火設備、共同住宅用スプリンクラー設備、共同住宅用連結送水管及び特定駐車場用泡消火設備 |
| 第二種消防設備点検資格者 | 消防用設備等 | 自動火災報知設備、ガス漏れ火災警報設備、漏電火災警報器、消防機関へ通報する火災報知設備、非常警報器具、非常警報設備、避難器具、誘導灯、誘導標識、排煙設備、非常コンセント設備及び無線通信補助設備 |
| | **必要とされる防火安全性能を有する消防の用に供する設備等** | 共同住宅用自動火災報知設備、住戸用自動火災報知設備、共同住宅用非常警報設備、共同住宅用非常コンセント設備、特定小規模施設用自動火災報知設備、加圧防排煙設備及び複合型居住施設用自動火災報知設備 |

📖 マメ知識 ➡➡➡ **消防用設備等点検済票とは**

　消防用設備等点検済票とは、消防法第17条の3の3の規定に基づく消防用設備等・特殊消防用設備等の点検の業務を請け負うことのできる事業所のうち、適正な点検業務を行うことができる要件を満たしているものとして都道府県の消防設備協会などが登録しているものが、点検を行った設備等に貼付しているものです。なお、この制度は、任意のものとされています。

## ✎ よく出る問題 ✐

### 問 1 ──────────────────────────────── [ 難易度 ☺ ☺ ☺ ]

次のものは、消防用設備等又は特殊消防用設備等の点検及び報告に関する記述であるが、消防法令上誤っているものはどれか。

(1) 消防用設備等の点検には、6 か月ごとの機器点検と 1 年ごとの総合点検があり、その方法、内容などについては、点検基準及び点検要領で定められている。

(2) 防火対象物の関係者は、点検結果の報告を特定防火対象物の場合は 1 年に 1 回、また、非特定防火対象物の場合は 3 年に 1 回、消防長等に対し行う必要がある。

(3) 特殊消防用設備等の点検は、当該特殊消防用設備等の設備等設置維持計画に定める内容、方法及び期間で行う。

(4) 特定防火対象物に設置されている消防用設備等の点検は、消防設備士又は消防設備点検資格者が行う必要がある。

 **解説**　特定防火対象物の場合、消防設備士又は消防設備点検資格者による点検が必要なものは、延べ面積が 1000 m² 以上のものとされています。

### 問 2 ──────────────────────────────── [ 難易度 ☺ ☺ ☺ ]

次のものは、点検を行うことのできる消防設備士又は消防設備点検資格者に関する記述であるが、消防法令上誤っているものはどれか。

(1) 消防設備点検資格者は、必要とされる防火安全性能を有する消防の用に供する設備等の点検を行うことができない。

(2) 加圧防排煙設備の点検は、第 4 類の甲種消防設備士若しくは乙種消防設備士又は第 7 類の乙種消防設備士が行うことができる。

(3) 乙種消防設備士は、特殊消防用設備等の点検を行うことができない。

(4) 特定駐車場用泡消火設備の点検は、第 2 類の甲種消防設備士又は乙種消防設備士が行うことができる。

 **解説**　消防設備点検資格者の種別に応じ、必要とされる防火安全性能を有する消防の用に供する設備等の点検を行うことができます。

**解答** 問 1 - (4)　　問 2 - (1)

## (1) 消防設備士の業務独占（法第17条の5）重要!

消防設備士でなければ行ってはならない業務の対象は、法第10条第4項の技術上の基準、又は法第17条の技術上の基準に従って設置する消防用設備等又は特殊消防用設備等（**工事整備対象設備等**）の工事又は整備とされています。

## (2) 業務独占から除かれるもの

消防設備士の業務独占の対象となる設備であっても、その独占から除外されるものもあります（表紙裏（表見返し右上）の表参照）。例えば、第4類の対象となる項目では、自動火災報知設備、ガス漏れ火災警報設備、消防機関へ通報する火災報知設備などの電源部分の工事がこれに該当します。

## (3) 消防設備士免状の区分

消防設備士免状の種類には、**甲種消防設備士免状**及び**乙種消防設備士免状**があります。

甲種消防設備士免状の交付を受けている者（**甲種消防設備士**）が行うことができる工事又は整備の種類及び乙種消防設備士免状の交付を受けている者（**乙種消防設備士**）が行うことができる整備の種類は、これらの消防設備士免状の種類に応じて表紙裏（表見返し右下）の表のとおり定められています。

## (4) 消防設備士の責務等

消防設備士には、表1に掲げる責務等が求められています。重要!

### ● 表1 消防設備士の責務等 ●

| | |
|---|---|
| 講習の受講義務 | 都道府県知事（総務大臣が指定する市町村長その他の機関を含む）が行う工事整備対象設備等の工事又は整備に関する講習の受講 |
| 消防設備士の責務 | 業務を誠実に行い、工事整備対象設備等の質の向上に努める |
| 免状の携帯義務 | 業務に従事するときは、消防設備士免状を携帯 |
| 工事着手の届出 | 甲種消防設備士は、一定の工事をしようとするときは、**着手日の10日前までに**、必要な事項を消防長又は消防署長に届け出る |

**よく出る問題** ✐

**問 1** ──────────────────────── [ 難易度 ☺☺☹ ]

次のものは、消防設備士に関する記述であるが、消防法令上誤っているものはどれか。

(1)　消防設備士には、業務に従事するときに免状の携帯義務がある。

(2)　消防設備士のうち、消防用設備等の工事に係る業務に従事していない者は、都道府県知事が行う講習を受ける必要がない。

(3)　消防設備士は、業務を誠実に行い、工事整備対象設備等の質の向上に努めることとされている。

(4)　甲種消防設備士は、一定の工事を行う場合には、その工事の着手10日前までに着工届出を行う必要がある。

**解説**　　消防設備士は、業務に従事していない者であっても、都道府県知事が行う講習を受ける必要があります。

**問 2** ──────────────────────── [ 難易度 ☺☹☹ ]

次のものは、消防設備士の業務独占に関する記述であるが、消防法令上誤っているものはどれか。

(1)　消防用設備等に係る軽微な整備は、消防設備士以外のものが行うことができる。

(2)　危険物製造所等に設置する消火設備の工事は、消防設備士以外のものが行うことができる。

(3)　第4類甲種消防設備士の業務範囲には、自動火災報知設備の電源部分の工事が含まれていない。

(4)　第1類甲種消防設備士の業務範囲には、スプリンクラー設備の電源、水源及び配管の部分の工事が含まれていない。

**解説**　　危険物製造所等に設置する消火設備及び警報設備の工事及び整備については、消防設備士の業務範囲に含まれています。

📖**マメ知識** ➡➡➡　**消防設備士の業務独占とは**

　消防設備士の業務独占とは、消防用設備等のうち一定のものに係る工事又は設備について、消防設備士でなければ行うことができないとされています。この場合の工事の範囲に消防用設備等の設置等に係る設計が含まれるかについては、当該消防用設備等に係る技術上の基準に精通している消防設備士が行うことが合理的と解され、実質上行っています。しかしながら、建築設備に係る設計の責務は、建築士が負うこととなっています。

**解答** 問1-(2)　　問2-(2)

# 立入検査、措置命令等

　火災予防の観点から、消防長、消防署長等には、防火対象物等に対する立入検査や必要な措置命令、使用禁止命令等の権限が付与されています。

**（1）屋外の火災予防上の措置命令**

　①　屋外において、以下のアに掲げる者は、イに該当する者に対し、ウに掲げる内容を措置するように命ずることができます。

　　ア　**措置命令者**

　　　　消防長（消防本部を置かない市町村においては、市町村長）、消防署長その他の消防吏員

　　イ　**措置命令の対象者**

　　a）　屋外において、火災の予防に危険であると認める行為者

　　b）　屋外において、火災の予防に危険であると認める物件の所有者、管理者又は占有者で権原を有する者

　　c）　屋外において、消火、避難その他の消防の活動に支障になると認める物件の所有者、管理者又は占有者で権原を有する者

　　ウ　**必要な措置の内容**

　　a）　火遊び、喫煙、たき火、火を使用する設備もしくは器具（物件に限る）又はその使用に際し火災の発生のおそれのある設備若しくは器具（物件に限る）の使用その他これらに類する行為の禁止、停止若しくは制限又はこれらの行為を行う場合の消火準備

　　b）　残火、取灰又は火粉の始末

　　c）　危険物又は放置され、若しくはみだりに存置された燃焼のおそれのある物件の除去その他の処理

　　d）　放置され、又はみだりに存置された物件（③の物件を除く）の整理又は除去

　②　**措置命令の対象者が確認できないとき**

　消防長又は消防署長は、措置命令の対象者が確認できないため、これらの者に対し、必要な措置をとるべきことを命ずることができないときは、**それらの者の負担において**、**当該消防職員**（消防本部を置かない市町村においては、消防団員）に、当該物件について前（1）**ウc）及びd）に掲げる措置をとらせることができます**。この場合において、物件を除去させたときは、消防長又は消防署長は、当該物件を保管する必要があります。

　③　**物件の保管**

　消防長又は消防署長が物件を保管した場合には、次によります（災害対策基本法第64条第3項から第6項までの規定の準用）。

3　保管物件を返還するため、必要な事項の公示

4　物件の売却、その売却した代金の保管

5　物件の保管、売却、公示等に要した費用の徴収

6　公示の日から起算して6か月を経過した物件の所有権は、市町村に帰属

④　消防長又は消防署長は、第1項の規定により必要な措置を命じた場合において、その措置を命ぜられた者がその措置を履行しないとき、履行しても十分でないとき、又はその措置の履行について期限が付されている場合にあっては履行しても当該期限までに完了する見込みがないときは、行政代執行法の定めるところに従い、当該消防職員又は第三者にその措置をとらせることができます。

**(2) 立入検査等（法第4条、第4条の2）**

消防長又は消防署長は、火災予防のため必要により、次のことが行えます。

①　関係者に対して、**資料の提出**を命じ、**報告**を求めること。

②　消防職員（消防本部を置かない市町村は、消防事務に従事する職員又は常勤の消防団員）に対して、関係のある場所（※）に立ち入って**検査**させ、関係のある者に**質問**させること。

　　※　個人の住居は、関係者の承諾を得た場合、又は緊急の必要がある場合に限るとされています。

上記②において、消防職員は、関係のある者の請求があれば、**身分証明書の提示**が必要です。

**(3) 防火対象物の火災予防措置命令（法第5条）・使用禁止等命令（法第5条の2）**

①　**火災予防措置命令**

消防長又は消防署長は、防火対象物の位置、構造、設備又は管理の状況について、火災の予防に危険であると認める次の場合には、権原を有する関係者（特に緊急の必要があると認める場合においては、関係者及び工事の請負人又は現場管理者）に対し、当該防火対象物の改修、移転、除去、工事の停止又は中止その他の必要な措置をなすべきことを命ずることができます。

　　a)　火災の予防に危険であると認める場合

　　b)　消火、避難その他の消防の活動に支障になると認める場合

　　c)　火災が発生したならば人命に危険であると認める場合

　　d)　その他火災の予防上必要があると認める場合

ただし、建築物その他の工作物で、それが他の法令により建築、増築、改築又は移築の許可、又は認可を受け、その後事情の変更していないものについては、この限りでないとされています。

②　**防火対象物の使用禁止等命令**

消防長又は消防署長は、防火対象物の位置、構造、設備、管理の状況について、次の

いずれかに該当すると認められる場合には、関係者に防火対象物の使用の禁止、停止、制限を命ずることができます。

 a）（必要な措置が命ぜられたにもかかわらず、その措置が履行されず、履行されても十分でなく、又はその措置の履行について期限が付されている場合にあっては履行されても当該期限までに完了する見込みがないため）

 ・引き続き、火災の予防に危険であると認める場合

 ・消火、避難その他の消防の活動に支障になると認める場合

 ・火災が発生したならば人命に危険であると認める場合火災予防に危険であると認める場合

 b）命令によっては、火災の予防の危険、消火、避難その他の消防の活動の支障又は火災が発生した場合における人命の危険を除去することができないと認める場合、消火、避難その他の消防活動に支障となると認める場合

## （4）防火対象物の火災予防又は消防活動障害除去のための措置命令（法第5条の3）

消防長、消防署長その他の消防吏員は、以下の防火対象物の関係者に対し、表1に該当する場合は、必要な措置をとるべきことを命ずることができます。

 a）火災予防に危険であると認める**行為者**

 b）火災予防に危険であると認める**物件の所有者、管理者又は占有者で権原を有する者**※

 c）消火、避難その他の消防活動に支障になると認める**物件の所有者、管理者又は占有者で権原を有する者**※

 ※ 特に緊急の必要があると認める場合には、当該物件の所有者、管理者若しくは占有者又は当該防火対象物の関係者とされています。

### ● 表1　措置命令の対象 ●

| 火災予防に危険と認める場合等 | 必要な措置 |
|---|---|
| ①　火遊び、喫煙、たき火、火を使用する設備若しくは器具（物件に限る）又はその使用に際し火災の発生のおそれのある設備若しくは器具（物件に限る） | 使用その他これらに類する行為の禁止、停止若しくは制限、又はこれらの行為を行う場合の消火準備 |
| ②　残火、取灰、又は火粉 | 始末 |
| ③　危険物、又は放置され、若しくはみだりに存置された燃焼のおそれのある物件 | 除去その他の処理 |
| ④　放置され、又はみだりに存置された物件（③の物件を除く） | 整理又は除去 |

# ✎ よく出る問題 ✎

## 問 1 ──────────────────── [ 難易度 ☺ ☺ ☹ ]

次のものは、防火対象物の火災予防又は消防活動障害除去のための措置命令に関する記述であるが、消防法令上誤っているものはどれか。

(1) 消防長等は、原則として火災予防に危険であると認める物件について必要な措置をとるべきことを当該物件の所有者、管理者又は占有者に対して命ずることができる。

(2) 火災予防に危険であると認める物件には、危険物、又は放置され、若しくはみだりに存置された燃焼のおそれのある物件が含まれる。

(3) 放置され、又はみだりに存置された物件に対する必要な措置は、整理又は除去である。

(4) 火災予防に危険であると認める行為には、火遊び、喫煙、たき火などが含まれる。

**解説**　火災予防に危険であると認める物件について必要な措置をとるべきことを命ずることのできる者は、当該物件の所有者、管理者又は占有者のうちで権原を有する者とされています。

特に緊急の必要があると認める場合には、当該物件の所有者、管理者若しくは占有者又は当該防火対象物の関係者に対して行うことができます。

## 問 2 ──────────────────── [ 難易度 ☺ ☺ ☹ ]

次のものは、消防長等が行うことができる防火対象物等に対する立入検査等に関する記述であるが、消防法令上誤っているものはどれか。

(1) 防火対象物等に対する立入検査や必要な措置命令、使用禁止命令等の権限を有する者は、消防長・消防署長（消防本部を置かない市町村は、市町村長）である。

(2) 関係のある場所のうち、個人の住居は、関係者の承諾を得た場合、又は緊急の必要がある場合に限られている。

(3) 関係のある場所に立ち入って検査させ、関係のある者に質問させることのできる者には、常勤の消防団員は含まれない。

(4) 立入検査等を行う消防職員は、関係のある者の請求があれば、身分証明書の提示が必要とされている。

**解説**　消防本部を置かない市町村においては、市町村長が消防事務に従事する職員又は常勤の消防団員に対して、関係のある場所に立ち入って検査させ、関係のある者に質問させることができるとされています。

**解答**　問1－(1)　　問2－(3)

## (1) 既存防火対象物の適用除外

① 現行基準が適用される消防用設備等（法第17条の2の5第1項）

消防用設備等に関する技術上の基準についての法令（基準法令）の施行又は適用の際に、現に存する防火対象物及び現に新築、増築、改築、移転、修繕若しくは模様替えの工事中である防火対象物（**既存防火対象物**）の消防用設備等のうち、以下の表1に掲げるもの（現行基準が適用される）以外は、原則として従前の基準が適用されます（**不遡及の原則**）。 **重要！**

### ● 表1　現行基準が適用される消防用設備等 ●

| 消防用設備等の種類 | 備　考 |
|---|---|
| **消火器、簡易消火用具** | |
| **自動火災報知設備** | 令別表第1(1)項から(4)項、(5)項イ、(6)項、(9)項イ、(16)項イ及び(16の2)項から(17)項までに掲げる防火対象物のもの |
| **ガス漏れ火災警報設備** | 令別表第1(1)項から(4)項まで、(5)項イ、(6)項、(9)項イ、(16)項イ、(16の2)項及び(16の3)項に掲げる防火対象物、並びにこれらの防火対象物以外の防火対象物で令第21条の2第1項第3項に掲げるもの |
| **漏電火災警報器、非常警報器具、非常警報設備、避難器具、誘導灯及び誘導標識** | |

② 現行基準が適用されることとなる防火対象物の消防用設備等
　　（法第17条の2の5第2項）

既存防火対象物において、次に掲げるものについては、原則として、現行の消防用設備等に関する技術上の基準が適用されます（**既存遡及**）。

　　a) 改正後の基準法令の適用の際、従前の相当規定にも**違反している**防火対象物の消防用設備等

　　b) 大規模増改築等（床面積の合計が **1000 m² 以上又は延べ面積の2分の1以上**）をした防火対象物の消防用設備等

　　c) 基準法令に適合するに至った防火対象物の消防用設備等

　　d) 特定防火対象物の消防用設備等

## (2) 用途変更の場合における基準法令の適用除外（法第17条の3）

防火対象物の用途を変更した場合には、原則として従前の基準が適用されます（不遡及の原則）が、消防用設備等のうち現行基準が適用される消防用設備等と用途変更に係

る防火対象物が次に該当するときは、原則として、現行の消防用設備等に関する技術上の基準が適用されます（**既存遡及**）。

a）　変更の際、用途変更前の相当規定にも違反している防火対象物の消防用設備等

b）　大規模増改築等（床面積の合計が 1000 m² 以上又は延べ面積の 2 分の 1 以上）をした防火対象物の消防用設備等

c）　法令に適合するに至った防火対象物の消防用設備等

d）　防火対象物の消防用設備等

## よく出る問題

**問 1** ───────────────────── [ **難易度** ☺ ☺ ☹ ]

次のものは、既存の防火対象物に設置されている消防用設備等のうち、技術上の基準の施行又は適用の際、遡及されることとなる消防用設備等であるが、消防法令上誤っているものはどれか。

(1)　漏電火災警報器

(2)　自動火災報知設備

(3)　消火器

(4)　誘導灯及び誘導標識

 **解説**　自動火災報知設備のうち遡及の対象となるものは、令別表第 1 (1) 項から (4) 項、(5) 項イ、(6) 項、(9) 項イ及び (16) 項イ及び（16 の 2）項から (17) 項までに掲げる防火対象物のものに限られています。

**問 2** ───────────────────── [ **難易度** ☺ ☺ ☹ ]

次のものは、既存の防火対象物に設置されている消防用設備等に係る遡及制度に関する記述であるが、消防法令上誤っているものはどれか。

(1)　既存の防火対象物に設置されている消防用設備等は、当該消防用設備等に係る技術上の基準の施行又は適用の際、原則として従前の基準が適用されます。

(2)　工事の着手が規定の施行又は適用の後である増築、改築又は修繕若しくは模様替えに係る防火対象物における消防用設備等にあっては、改正後の基準が適用される。

(3)　特定防火対象物における消防用設備等又は現に新築、増築、改築、移転、修繕若しくは模様替えの工事中の特定防火対象物に係る消防用設備等にあっては、改正後の基準が適用される。

(4)　改正後等の規定に相当する従前の規定に適合していないことにより法令の規定に違反している防火対象物における消防用設備等にあっては、改正後の基準が適用される。

 **解説**　工事のうち、修繕又は模様替えにあっては、大規模なものとされ、床面積の合計が 1000 m² 以上又は延べ面積の 2 分の 1 以上のものとされています。

**解答**　問 1 － (2)　　　問 2 － (2)

# 防火管理・統括防火管理者

　防火管理は、防火対象物の火災予防として日常における管理から火災発生時における対応まで、継続的に行うものであり、一定規模以上の防火対象物においては防火管理者の選任、消防計画の作成などが義務付けられています。

## (1) 防火管理（法第8条、令第1条の2）

　一定規模以上の防火対象物の管理について権原を有する者（管理権原者）は、一定の資格を有する防火管理者を選任し、防火管理上必要な業務を行わせます。

　①　防火管理者の選任が必要となる防火対象物は、表1のとおりです（令第1条の2）。

● 表1　防火管理者の選任が必要となる防火対象物 ●

| 区　分 | | 収容人員 |
|---|---|---|
| **令別表第1に掲げる防火対象物**（同表（16の3）項及び（18）項から（20）項までに掲げるものを除く） | 特定防火対象物（同表（1）項から（4）項まで、（5）項イ、（6）項、（9）項イ、（16）項イ及び（16の2）項） | 30人以上 |
| | 非特定防火対象物（特定防火対象物以外のもの） | 50人以上 |
| **新築の工事中の建築物のうち、外壁及び床又は屋根を有するものであって、電気工事等の工事中であるもの** | 地階を除く階数が11以上で、かつ、延べ面積が10000 m²以上 | 50人以上 |
| | 延べ面積が50000 m²以上 | |
| | 地階の床面積の合計が5000 m²以上 | |
| **建造中の旅客船**（船舶安全法 第8条 に規定する旅客船をいう）で、甲板数が11以上のもののうち、ぎ装中のもの | | 50人以上 |
| ※　**収容人員**：出入りし、勤務し、又は居住する者の数 | | |

　②　防火管理者に必要な一定の資格については、次のとおりです（令第3条）。

　次の表2に掲げる防火対象物の区分に応じ、当該各項に定める者で、当該防火対象物において防火管理上必要な業務を適切に遂行することができる**管理的又は監督的な地位にある者**とされています。

## (2) 防火管理者の業務と届出（法第8条、令第3条の2）

　①　防火管理の区分と対象物

　学校、病院等多数の者が出入りし、勤務又は居住する防火対象物のうち、一定の規模のものについて、管理について権原を有する者には、防火管理者を選任し防火管理上必要な業務を行わせることが義務付けられています。

　防火管理を行う防火対象物には、**甲種及び乙種**があり、それぞれ**甲種防火管理者**又は**乙種防火管理者**を選任します。甲種と乙種防火対象物の条件は、表3のとおりです。

　なお、乙種は、防火対象物の収容人員によっては、管理できない場合があるので注意が必要です。特定防火対象物では、**30人未満**、非特定防火対象物では、**50人未満**が管

● 表2　管理的又は監督的な地位にある者 ●

| 区　分 | 次のいずれかに該当する者 |
|---|---|
| ① 甲種防火対象物<br>　令第1条の2第3項に規定する防火対象物で、次の②に規定する防火対象物以外のもの | イ　都道府県知事、消防本部及び消防署を置く市町村の消防長又は法人であって総務大臣の登録を受けたものが行う甲種防火対象物の防火管理に関する講習（「甲種防火管理講習」という）の課程を修了した者<br>ロ　学校教育法（昭和22年法律第26号）による大学、短期大学又は高等専門学校において総務大臣の指定する防災に関する学科又は課程を修めて卒業した者で、1年以上防火管理の実務経験を有するもの<br>ハ　市町村の消防職員で、管理的又は監督的な職に1年以上あった者<br>ニ　イからハまでに掲げる者に準ずる者で、防火管理者として必要な学識経験を有すると認められるもの |
| ② 乙種防火対象物<br>　令第1条の2第3項に規定する防火対象物で、延べ面積が、別表第1（1）項から（4）項まで、（5）項イ、（6）項、（9）項イ、（16）項イ及び（16の2）項に掲げる防火対象物にあっては300 m² 未満、その他の防火対象物にあっては500 m² 未満のもの | イ　都道府県知事、消防本部及び消防署を置く市町村の消防長又は法人であって総務大臣の登録を受けたものが行う乙種防火対象物の防火管理に関する講習（「乙種防火管理講習」という）の課程を修了した者<br>ロ　前号イからニまでに掲げる者 |

● 表3　防火対象物の条件 ●

防火管理（甲・乙防火対象物）

| 甲種防火対象物 | ⇒ 選任 ⇒ | 甲種防火管理者 |
|---|---|---|
| ・特定防火対象物 | → | 延べ面積 300 m² 以上 |
| ・非特定防火対象物 | → | 延べ面積 500 m² 以上 |

| 乙種防火対象物 | ⇒ 選任 ⇒ | 乙種防火管理者 |
|---|---|---|
| ・特定防火対象物 | → | 延べ面積 300 m² 未満 |
| ・非特定防火対象物 | → | 延べ面積 500 m² 未満 |

理可能な対象となります。

② 防火管理者の業務

防火管理者は、次に掲げる防火管理上必要な業務を行うこととされています。

a) 消防計画の作成

b) 消防計画に基づく消火、通報及び避難の訓練の実施

c) 消防の用に供する設備、消防用水又は消火活動上必要な施設の点検及び整備

d) 火気の使用又は取扱いに関する監督

e) 避難又は防火上必要な構造及び設備の維持管理

f) 収容人員の管理

g) その他防火管理上必要な業務

③ 防火管理に関する届出

   ① 消防計画の作成届出や変更届出 （防火管理者 ⇒ 所轄消防長）

   ② 防火管理者の選任や解任の届出 （管理権原者 ⇒ 所轄消防長）

## (3) 消防計画（法第 8 条・令 4 条・規則第 3 条）

防火管理者が作成する消防計画には、次の事項を記載する必要があります。

イ　自衛消防の組織に関すること。

ロ　防火対象物についての火災予防上の自主検査に関すること。

ハ　消防用設備等又は法第 17 条第 3 項に規定する特殊消防用設備等の点検及び整備に関すること。

ニ　避難通路、避難口、安全区画、防煙区画その他の避難施設の維持管理及びその案内に関すること。

ホ　防火壁、内装その他の防火上の構造の維持管理に関すること。

ヘ　定員の遵守その他収容人員の適正化に関すること。

ト　防火上必要な教育に関すること。

チ　消火、通報及び避難の訓練の実施に関すること。

リ　火災、地震その他の災害が発生した場合における消火活動、通報連絡及び避難誘導に関すること。

ヌ　防火管理についての消防機関との連絡に関すること。

ル　増築、改築、移転、修繕又は模様替えの工事中の防火対象物における防火管理者又はその補助者の立会いその他火気の使用又は取扱いの監督に関すること。

ヲ　イからルまでに掲げるもののほか、防火対象物における防火管理に関し必要な事項。

## (4) 統括防火管理者（法第 8 条の 2、令第 4 条の 2）

次に掲げる防火対象物で、管理権原が分かれているものは、統括防火管理者を定め、次の業務を行わせることとされています。

① 統括防火管理者を定めなければならない防火対象物

  a)　高層建築物（高さ 31 m を超える建築物）

  b)　地下街（令別表第 1（16 の 2）項）で消防長又は消防署長が指定するもの

  c)　準地下街（令別表第 1（16 の 3）項）

  d)　令別表第 1（6）項ロ及び（16）項イ（（6）項ロの用途が存するもの）で、地階を除く階数が 3 以上で、かつ、収容人員が 10 人以上のもの

  e)　特定防火対象物（前④準地下街を除く）で地階を除く階数が 3 以上で、かつ、収容人員が 30 人以上のもの

  f)　令別表第 1（16）項ロの防火対象物で地階を除く階数が 5 以上でかつ収容人員が 50 人以上のもの

② 統括防火管理者の業務

防火対象物の全体について防火管理上必要な業務を統括する者は、次のような業務を

行うこととされています。

- a) 防火対象物の全体についての消防計画の作成
- b) 消防計画に基づく消火、通報及び避難の訓練の実施
- c) 防火対象物の廊下、階段、避難口その他の避難上必要な施設の管理
- d) その他当該防火対象物の全体についての防火管理上必要な業務

③ 統括防火管理に関する届出

- a) 消防計画の作成届出や変更届出　（統括防火管理者　⇒　所轄消防長）
- b) 統括防火管理者の選任や解任の届出　（管理権原者が協議　⇒　所轄消防長）

## ✎ よく出る問題 ✐

### 問 1 ──────────────────── [ 難易度 ☺ ☺ ☹ ]

次のものは、防火管理者に関する記述であるが、消防法令上誤っているものはどれか。

- (1) 防火管理者は、一定規模以上の防火対象物の管理権原者が選解任する。
- (2) 防火管理者は、消防計画を作成するなど必要な防火管理を行う。
- (3) 防火対象物の管理権原者は、防火管理者を選任した場合には所轄消防長に届出をする。
- (4) 防火対象物の管理権原者は、防火管理者が作成した消防計画を所轄消防長に届出をする。

 **解説**　防火管理に関する届出は、消防計画は防火管理者が、防火管理者の選解任は防火対象物の管理権原者が行うこととされています。

### 問 2 ──────────────────── [ 難易度 ☺ ☺ ☹ ]

次のものは、統括防火管理者に関する記述であるが、消防法令上誤っているものはどれか。

- (1) 統括防火管理者は、管理権原が分かれている一定規模の防火対象物において、選任することが義務付けられている。
- (2) 統括防火管理者は、防火対象物全体についての消防計画を作成し、所轄消防長に届け出る。
- (3) 統括防火管理者は、準地下街（令別表第1（16の3）項）のうち、管理権原が分かれているもので、消防長又は消防署長が指定するものについて、選任することが義務付けられている。
- (4) 統括防火管理者は、高層建築物（高さ31mを超える建築物）のうち、管理権原が分かれているものに選任することが義務付けられている。

 **解説**　管理権原が分かれている防火対象物のうち、消防長又は消防署長が指定するものに義務付けられるのは、地下街についてのみで準地下街は該当しません。

---

**解答** 問1－(4)　　問2－(3)

1 学期 ➡ 筆記試験対策

2 学期 ➡ 実技試験対策

3 学期 ➡ 模擬試験

# 防火対象物の点検報告制度等

重要度 ✏✏✏

## （1）防火対象物の点検および報告（法第8条の2の2）

① 防火対象物の管理権原者は、**1年に1回**、防火管理上必要な業務、消防用設備等設置及び維持その他火災予防上必要な事項について、資格を有する者（防火対象物点検資格者）に点検させ、その結果を**消防長又は消防署長に報告**することとされています。

点検及び報告を要する防火対象物は、消防法第8条第1項に掲げる防火対象物のうち特定防火対象物（令別表第1の（1）項～（4）項、（5）項イ、（6）項、（9）項イ、（16）項イ、（16の2）項及び（16の3）項）であって、次の表1に掲げるものになります。

※ 防火対象物定期点検報告が義務となる防火対象物のすべての**管理権原者（テナント含む）**は、点検報告が義務となります。

### ● 表1　点検及び報告を要する特定防火対象物 ●

| 防火対象物全体の収容人員 | 30人未満※1 | 30人以上300人未満※2 | 300人以上 |
|---|---|---|---|
| 点検報告義務の有無 | （点検報告の義務なし） | 次の1及び2の条件に該当する場合は点検報告が義務<br>1　特定用途が3階以上の階又は地階に存するもの<br>2　階段が一つのもの（ただし、屋外に設けられた階段などであれば免除される） | すべて点検報告が義務 |

※1　（6）項ロの用途が存するものは10人未満
※2　（6）項ロの用途が存するものは10人以上300人未満

② **点検資格者**

点検は、防火対象物の火災の予防に関し専門的知識を有する**防火対象物点検資格者**が行います。

**防火対象物点検資格者**は、総務大臣の登録を受けた登録講習機関が行う講習を修了し、免状の交付を受けた者です。

防火管理者として3年以上の実務経験を有する者などがこの講習を受講することができます。

また、防火管理講習修了者で5年以上の者は、防火管理者に選任されていなくても、受講することができます。

③ **点検項目**

点検資格者は、消防法令に定められている、次のような項目を点検します。

- a）　防火管理者を選任しているか。
- b）　消火・通報・避難訓練を実施しているか。
- c）　避難階段に避難の障害となる物が置かれていないか。
- d）　防火戸の閉鎖に障害となる物が置かれていないか。
- e）　カーテン等の防炎対象物品に防炎性能を有する旨の表示が付けられているか。
- f）　消防法令の基準による消防用設備等が設置されているか。

④　**特例認定**（法第8条の2の3）

ア　**特例認定の要件**

消防長又は消防署長は、検査の結果、消防法令の遵守状況が優良な場合、点検・報告の義務を免除する防火対象物として認定します。

消防機関は、消防法令に定められている次のような要件に該当するかを検査します。

- ・管理を開始してから**3年以上経過**していること。
- ・過去3年以内に消防法令違反をしたことによる命令を受けていないこと。
- ・防火管理者の選任及び消防計画の作成の届出がされていること。
- ・消火訓練及び避難訓練を**年2回以上実施**し、あらかじめ消防機関に通報していること。
- ・消防用設備等点検報告がされていること。

イ　**特例認定の失効**

- ①　認定を受けてから**3年が経過したとき**。ただし、失効前に新たに認定を受けることにより特例認定を継続することができます。
- ②　防火対象物の管理について**権原を有する者が変わったとき**。

ウ　**特例認定の取消し**

消防法令に違反した場合、消防機関から認定を取り消されます。

エ　**特例認定の表示**

建物のすべての部分が3年間継続して消防法令を遵守していると消防機関が認めた場合は「**防火優良認定証**」（図1）を付することができます。

表示は、見やすいところに付されることにより、利用者に消防法令を遵守していることを情報提供するものです。

● 図1　防火優良認定証 ●

**(2)　避難上必要な施設等の管理**（法第8条の2の4、令第4条の2の3）

令別表第1（表3）に掲げる防火対象物（同表（18）項から（20）項までに掲げるものを除く）の管理について権原を有する者は、当該防火対象物の廊下、階段、避難口その他の避難上必要な施設について避難の支障になる物件が放置され、又はみだりに存置されないように管理し、かつ、防火戸についてその閉鎖の支障になる物件が放置され、

又はみだりに存置されないように**管理する**こととされています。

## （3）自衛消防組織（法第8条の2の5、令4条の2の4）

　防火管理者の選任が必要な法第8条第1項に規定する防火対象物のうち多数の者が出入りするものであり、かつ、**大規模なものの管理権原者は、当該防火対象物に自衛消防組織を置く**こととされています（表2参照）。

　また、自衛消防組織を置いたときは、遅滞なく自衛消防組織の要員の現況その他の事項を所轄消防長又は消防署長に届け出る（変更を含む）こととされています。

| ● 表2　自衛消防組織の設置が必要な防火対象物 ● | |
| --- | --- |
| 区　分 | 要　件 |
| 令別表第1（1）項から（4）項まで、（5）項イ、（6）項から（12）項まで、（13）項イ、（15）項及び（17）項に掲げる防火対象物 | ①地階を除く階数が11以上、延べ面積が10000 m² 以上 |
| | ②地階を除く階数が5以上10以下、延べ面積が20000 m² 以上 |
| | ③地階を除く階数が4以下、延べ面積が50000 m² 以上 |
| 別表第1（16）項に掲げる防火対象物（自衛消防組織設置防火対象物の用途に供される部分が存するものに限る） | ①地階を除く階数が11以上で、次に掲げるもの<br>（1）　自衛消防組織設置防火対象物の用途に供される部分の全部又は一部が11階以上の階に存する防火対象物で、当該部分の床面積の合計が10000 m² 以上のもの<br>（2）　自衛消防組織設置防火対象物の用途に供される部分の全部が10階以下の階に存し、かつ、当該部分の全部又は一部が5階以上10階以下の階に存する防火対象物で、当該部分の床面積の合計が20000 m² 以上のもの<br>（3）　自衛消防組織設置防火対象物の用途に供される部分の全部が4階以下の階に存する防火対象物で、当該部分の床面積の合計が50000 m² 以上のもの |
| | ②地階を除く階数が5以上10以下で、次に掲げるもの<br>（1）　自衛消防組織設置防火対象物の用途に供される部分の全部又は一部が5階以上の階に存する防火対象物で、当該部分の床面積の合計が20000 m² 以上のもの<br>（2）　自衛消防組織設置防火対象物の用途に供される部分の全部が4階以下の階に存する防火対象物で、当該部分の床面積の合計が50000 m² 以上のもの |
| | ③地階を除く階数が4以下で、自衛消防組織設置防火対象物の用途に供される部分の床面積の合計が50000 m² 以上 |
| 別表第1（16の2）項に掲げる防火対象物で、延べ面積が1000 m² 以上のもの | |

**よく出る問題** ✏

## 問 1 ──────────────────────────────── **［ 難易度 😐 😕 😣 ］**

次のものは、防火対象物の点検及び報告に関する記述であるが、消防法令上誤っているものはどれか。

(1)　特定防火対象物（令別表第1（16の3）項を除く）で収容人員が300人以上のものは、防火対象物について点検及び報告が必要である。

(2)　防火対象物の点検は、防火管理上必要な業務、消防用設備等の設置及び維持その他火災予防上必要な事項である。

(3)　防火対象物の点検結果の報告は、3年に1回消防長又は消防署長に届け出る。

(4)　防火対象物の点検は、資格を有する者（防火対象物点検資格者）が行う。

**解説**　防火対象物の点検及び報告は、それぞれ1年に1回行うこととされています。

## 問 2 ──────────────────────────────── **［ 難易度 😐 😕 😣 ］**

次のものは、自衛消防組織に関する記述であるが、消防法令上誤っているものはどれか。

(1)　地下街（別表第1（16の2）項に掲げる防火対象物）には、延べ面積にかかわらず、自衛消防組織の設置が必要である。

(2)　自衛消防組織は、火災の初期の段階における消火活動、消防機関への通報、在館者が避難する際の誘導その他の火災の被害の軽減のために必要な業務を行う。

(3)　自衛消防組織を置いたときは、遅滞なく自衛消防組織の要員の現況その他の事項を所轄消防長又は消防署長に届け出る必要がある。

(4)　自衛消防組織には、統括管理者及び自衛消防組織の業務ごとに所要の人員数以上の自衛消防要員を置く必要がある。

**解説**　地下街（別表第1（16の2）項に掲げる防火対象物）については、延べ面積が1000 m² 以上のものに設置が必要です。

**解答**　問1-(3)　　問2-(1)

## レッスン 1-11 検定・自主表示・認定制度

重要度 ////

### (1) 検定制度（法第 21 条の 2）

　消防用機械器具等は、火災発生時などに確実に所定の機能を発揮することが求められることから、これらの消防用機械器具等のうち、「検定対象機械器具等」については、検定が行われ、これに合格した旨の表示が付されているものでなければ販売したり、販売の目的で陳列したり、あるいは設置、変更又は修理にかかわる請負の工事に使用してはならないこととされています。

　① 検定対象機械器具等

　検定対象機械器具等は、表 1 に示す 12 品目とされています。ただし、これらのうち輸出されるもの、船舶安全法、航空法の規定に基づく検査、試験に合格したものは除外されています。

● 表 1　検定対象品目 ●

| | 検定対象品目 |
|---|---|
| 1 | 消火器 |
| 2 | 消火器用消火薬剤（二酸化炭素を除く） |
| 3 | 泡消火薬剤（水溶性液体用泡消火薬剤を除く） |
| 4 | 火災報知設備の感知器（火災によって生ずる熱、煙又は炎を利用して自動的に火災の発生を感知するものに限る）又は発信機 |
| 5 | 火災報知設備又はガス漏れ火災警報設備（総務省令で定めるものを除く）に使用する中継器（火災報知設備及びガス漏れ火災警報設備の中継器を含む） |
| 6 | 火災報知設備又はガス漏れ火災警報設備に使用する受信機（火災報知設備及びガス漏れ火災警報設備の受信機を含む） |
| 7 | 住宅用防災警報器 |
| 8 | 閉鎖型スプリンクラーヘッド |
| 9 | スプリンクラー設備、水噴霧消火設備又は泡消火設備（「スプリンクラー設備等」という）に使用する流水検知装置 |
| 10 | スプリンクラー設備等に使用する一斉開放弁（配管との接続部の内径が 300 mm を超えるものを除く） |
| 11 | 金属製避難はしご |
| 12 | 緩降機 |

　② 検　定

　検定は、「型式承認」と「型式適合検定」の 2 段階で行われます。型式承認は、消防用機械器具等の形状、構造、材質、成分、性能が総務省令で定める「消防用機械器具等に係る技術上の規格」に適合していることの承認をいい、総務大臣が行います。

　**型式適合検定**は、検定対象機械器具等の形状等が型式承認を受けたものを総務省令で定める方法により行う検定をいい、日本消防検定協会又は登録検定機関が行います。

### ③　型式適合検定の合格表示

　日本消防検定協会又は登録検定機関は、型式適合検定に合格した検定対象機械器具等には表示（表2参照）が付されます。この表示は、その貼付された検定対象機械器具等が型式承認を受け、かつ型式適合検定に合格したものであることを表しています。

● **表2　表示** ●

| 検定対象品目 | 表　示 |
|---|---|
| ・消火器　　　　・消火器用消火薬剤　　・泡消火薬剤<br>・感知器又は発信機　・中継器　　　　・受信機<br>・金属製避難はしご　・緩降機 | （検定の表示） |
| ・住宅用防災警報器　　・閉鎖型スプリンクラーヘッド<br>・流水検知装置　　　　・一斉開放弁 | （検の表示） |

## (2)　自主表示制度（法第21条の16の2）

　自主表示制度は、総務省令で定める技術上の規格に適合しているとして、その**製造又は輸入する者が自ら総務省令で定める表示を付することができる**ものです。この表示を付す場合には、**総務大臣に対し届出**をすることとされています。

　自主表示制度の対象となる「**自主表示対象機械器具等**」は、火災の予防若しくは警戒、消火又は人命の救助などのために重大な支障を生ずるおそれのあるものであり、**6品目**が指定されています。

　また、表3に示す**表示が付されているものでなければ、販売したり、販売の目的で陳列したり、あるいは設置、変更又は修理にかかわる請負の工事に使用することが禁じられています**。

● **表3　自主表示対象品目及び表示** ●

| 自主表示対象品目 | 表　示 |
|---|---|
| ・動力消防ポンプ　　　・消火用吸管<br>・エアゾール式簡易消火具　・漏電火災警報器 | （消の表示） |
| ・消防用ホース | 〈消〉 |
| ・結合金具 | ◇消◇ |

**(3) 認定制度（法第17条の3の2，規則第31条の4）**

　消防用設備等を防火対象物に設置した場合には、当該防火対象物の関係者から消防長又は消防署長に対し、その旨の届出がされ、**消防検査（消防用設備等が技術上の基準に適合しているかの検査）**が行われます。

| ● 表4　登録認定機関、認定品目及び表示の様式 ● | |
|---|---|
| 1行目：登録認定機関、2行目：認定品目 | 表　示 |
| （一財）日本消防設備 安全センター<br>①屋内消火栓及び連結送水管の放水口、②合成樹脂製の管及び管継手、③ポンプを用いる加圧送水装置、④加圧送水装置の制御盤、⑤不活性ガス消火設備等の噴射ヘッド、⑥不活性ガス消火設備等の音響警報装置、⑦不活性ガス消火設備等の容器弁及び安全装置並びに破壊板、⑧不活性ガス消火設備等の放出弁、⑨不活性ガス消火設備等の選択弁、⑩不活性ガス消火設備及びハロゲン化物消火設備の制御盤、⑪移動式の不活性ガス消火設備等のホース、ノズル、ノズル開閉弁及びホースリール、⑫粉末消火設備の定圧作動装置、⑬開放型散水ヘッド、⑭パッケージ型消火設備、⑮パッケージ自動型消火設備、⑯金属製管継手及びバルブ類、⑰圧力水槽方式の加圧送水装置、⑱避難はしご、⑲避難ロープ、⑳すべり台、㉑救助袋、㉒中輝度蓄光式誘導標識及び高輝度蓄光式誘導標識、㉓火災通報装置、㉔総合操作盤 | 認 |
| （一社）電線総合技術 センター<br>電線（耐熱電線、耐火電線） | 認 |
| （一社）日本消防放水器具工業会<br>①スプリンクラー設備、②連結散水設備及び連結送水管に使用される送水口 | 認 |
| （一社）全国避難設備 工業会<br>避難器具用ハッチ | 認 |
| （一社）日本電気協会<br>①キュービクル式非常電源専用受電設備、②低圧で受電する非常電源専用受電設備の配電盤及び分電盤、③ 蓄電池設備 ④誘導灯 ⑤燃料電池設備 | 認 |
| 日本消防検定協会<br>①自動火災報知設備の地区音響装置、②非常警報設備の非常ベル及び自動式サイレン、③非常警報設備の放送設備、④パッケージ型自動消火設備、⑤総合操作盤、⑥放水型ヘッド等を用いるスプリンクラー設備、⑦屋内消火栓設備の屋内消火栓等、⑧特定駐車場用泡消火設備 | 認 |
| （一社）日本内燃力発 電設備協会<br>自家発電設備 | 認 |
| （一社）日本消防防災電気エネルギー標識工業会<br>電気エネルギーにより光を発する誘導標識 | 認 |

　この場合、消防用設備等又はこれらの部分である機械器具について、あらかじめ製造段階や工場からの出荷前に、**基準への適合性の確認（認定）**が**第三者機関（登録認定機関）**により行われ、所定の表示が付されているものは、消防検査において技術上の基準に適合しているものとして扱われることとされています。

　なお、登録認定機関、消防用設備等又はこれらの部分である機械器具の認定品目及び表示の様式については、表4のとおりです。

## ✎ よく出る問題 ✎

### 問 1 ──────────────────── [ 難易度 ☺ ☺ ☺ ]

次のものは、消防用機械機具等に係る検定及び自主表示に関する記述であるが、消防法令上誤っているものはどれか。

(1)　検定は、総務大臣による型式承認及び日本消防検定協会又は登録検定機関による型式適合検定の2段階で行われる。

(2)　自主表示は、製造者等自らが技術上の規格に適合していることを確認し、適合している場合には、その旨の表示を付すものである。

(3)　検定に合格した旨の表示が付されていないと販売を目的とした展示や販売を行うことはできない。

(4)　製造者等が技術上の規格に適合している旨の表示を付す場合には、あらかじめ総務大臣の承認を得なければならない。

解説　製造者等が技術上の規格に適合している旨の表示を付す場合には、総務大臣の「承認」ではなく、総務大臣への「届出」とされています。

### 問 2 ──────────────────── [ 難易度 ☺ ☺ ☺ ]

次のものは、消防用設備等又はこれらの部分である機械器具の認定制度に関する記述であるが、消防法令上誤っているものはどれか。

(1)　消防用設備等又はこれらの部分である機械器具について、設備等技術基準の全部又は一部に適合している旨の認定を行う機関は、あらかじめ消防庁長官の登録を受ける必要がある。

(2)　消防用設備等又はこれらの部分である機械器具のうち、技術上の基準が定められていないものであっても、認定を行うことができる。

(3)　消防用設備等又はこれらの部分である機械器具に係る登録認定機関は、一定の要件を備えている場合、申請により登録される。

(4)　消防検査において、認定のマークの付されているものにあっては、技術上の基準に適合しているものとみなされる。

解説　認定の対象となる消防用設備等又はこれらの部分である機械器具については、原則として、消防法令により技術上の基準が規定されているものに限られています。

解答　問1 - (4)　　問2 - (2)

# 防炎規制制度

　高層建築物若しくは地下街又は劇場、キャバレー、旅館、病院、その他の防火対象物（以下「防炎防火対象物」という）において使用するカーテン、どん帳、展示用合板などの防炎対象物品は、所要の基準以上の防炎性能を有するものを採用することとされています（法8条の3、令4条の3）。

**(1) 防炎防火対象物**

① **高層建築物**（高さ31mを超える建築物）

② **地下街**

③ 劇場、キャバレー、飲食店、百貨店、ホテル、病院、熱気浴場、テレビスタジオなど、令別表第1（1）項から（4）項まで、（5）項イ、（6）項、（9）項イ及び（12）項ロに掲げる防火対象物

④ **工事中の建築物、その他工作物で、次に掲げるもの**

・　建築物（都市計画区域外の専ら住居の用に供するもの及びこれに付属するものを除く）

・　プラットホームの上屋

・　貯蔵槽

・　化学工業の製品製造装置

・　貯蔵槽、化学工業の製品製造装置に類する工作物

⑤ 複合用途防火対象物（（16）項対象物）にあっては、防炎防火対象物が存する場合、当該用途に供される部分ごとを、一の防炎防火対象物とみなす

**(2) 防炎対象物品**

① カーテン

② 布製のブラインド

③ 暗幕

④ じゅうたん（織りカーペット（だん通を除く）をいう）、毛せん（フェルトカーペット）、タフテッドカーペット、ニッテッドカーペット、フックドラグ、接着カーペット、ニードルパンチカーペット

⑤ ござ

⑥ 人工芝

⑦ 合成樹脂製床シート

⑧ 区分の（1）から（7）までに掲げるもののほか、床敷物のうち、毛皮製床敷物、毛製だん通及びこれらに類するもの以外のもの

⑨ 展示用の合板

⑩ どん帳、その他舞台において使用する幕

⑪　舞台において使用する大道具用の合板

⑫　工事用シート

## よく出る問題

**問 1** ───────────────────── [ 難易度 ☺ ☺ ☹ ]

次のものは、防炎防火対象物に関する記述であるが、消防法令上誤っているものはどれか。

(1)　複合用途防火対象物（(16) 項対象物）にあっては、防炎防火対象物が存する場合、当該用途に供される部分ごとを、1の防炎防火対象物とみなされる。

(2)　工事中の建築物は、その用途などにかかわらず、すべて防炎防火対象物に該当する。

(3)　高層建築物（高さ31 mを超える建築物）は、すべて防炎防火対象物に該当する。

(4)　映画スタジオ、テレビスタジオ（令別表第1 (12) 項ロに掲げる防火対象物）は、防炎防火対象物に該当する。

 **解説**　　工事中の建築物の場合、都市計画区域外の専ら住居の用に供するもの及びこれに付属するものについては、防炎防火対象物から除かれています。

**問 2** ───────────────────── [ 難易度 ☺ ☺ ☹ ]

次のもののうち、防炎対象物品に該当しないものはどれか。

(1)　展示用の合板

(2)　工事用シート

(3)　壁の内装用の合板

(4)　じゅうたん

 **解説**　　防炎対象物品には、一般的に床、壁、天井などに使う仕上げ材や下地材、いわゆる内装材（カーペットを除く）は、含まれません。

**解答**　問 1 - (2)　　問 2 - (3)

# 危険物等の規制制度

## (1) 消防活動上障害となる物質の届出（法第9条の3）

表1に掲げる圧縮アセチレンガス、液化石油ガス、その他の火災予防又は消火活動に重大な支障を生じるおそれのある物質を貯蔵、取り扱う者は、あらかじめその旨を所轄消防長（消防本部を置かない市町村にあっては、市町村長）、消防署長に届け出ることとされています。

ただし、船舶、自動車、航空機、鉄道又は軌道により貯蔵、取り扱う場合などは、対象外とされています。

● 表1　届出対象物質 ●

| 品　名 | 指定数量 |
|---|---|
| 圧縮アセチレンガス | 40 kg |
| 液化石油ガス | 300 kg |
| 無水硫酸 | 200 kg |
| 生石灰（酸化カルシウム80%以上を含有するもの） | 500 kg |
| 毒物及び劇物取締法第2条第1項の毒物のうち一定のもの | 30 kg |
| 毒物及び劇物取締法第2条第2項の劇物のうち一定のもの | 200 kg |

## (2) 危険物（法第2条第7項）

法別表第1の品名欄に掲げる物品で、同表に定める区分に応じ同表の性質に掲げる性状を有するものであり、その指定数量は、危政令別表第3において危険性を勘案して定められた数量となっています（表2参照）。

● 表2　危険物の品名と指定数量の一覧表 ●

| | | 法別表第1 | | 危政令別表第3 | |
|---|---|---|---|---|---|
| 類別 | 性質 | | 品名 | 性質 | 指定数量 |
| 第1類 | 酸化性固体 | 一<br>二<br>三<br>四<br>五<br>六<br>七<br>八<br>九<br>十 | 塩素酸塩類<br>過塩素酸塩類<br>無機過酸化物<br>亜塩素酸塩類<br>臭素酸塩類<br>硝酸塩類<br>よう素酸塩類<br>過マンガン酸塩類<br>重クロム酸塩類<br>その他のもので政令で定めるもの | 第1種酸化性固体<br>第2種酸化性固体<br>第3種酸化性固体 | 50 kg<br>300 kg<br>1000 kg |

| | | | | |
|---|---|---|---|---|
| | | 十一　前各号に掲げるもののいずれかを含有するもの | | |
| 第2類 | 可燃性固体 | 一　硫化りん | | 100 kg |
| | | 二　赤りん | | 100 kg |
| | | 三　硫黄 | | 100 kg |
| | | 四　鉄粉 | | 500 kg |
| | | 五　金属粉<br>六　マグネシウム<br>七　その他のもので政令で定めるもの<br>八　前各号に掲げるもののいずれかを含有するもの | 第1種可燃性固体<br>第2種可燃性固体 | 100 kg<br>500 kg |
| | | 九　引火性固体 | | 1000 kg |
| 第3類 | 自然発火性物質及び禁水性物質 | 一　カリウム | | 10 kg |
| | | 二　ナトリウム | | 10 kg |
| | | 三　アルキルアルミニウム | | 10 kg |
| | | 四　アルキルリチウム | | 10 kg |
| | | 五　黄りん | | 20 kg |
| | | 六　アルカリ金属（カリウム及びナトリウムを除く）及びアルカリ土類金属<br>七　有機金属化合物（アルキルアルミニウム及びアルキルリチウムを除く）<br>八　金属の水素化物<br>九　金属のりん化物<br>十　カルシウム又はアルミニウムの炭化物 | 第1種自然発火性物質及び禁水性物質<br>第2種自然発火性物質及び禁水性物質<br>第3種自然発火性物質及び禁水性物質 | 10 kg<br><br>50 kg<br><br>300 kg |
| | | 十一　その他のもので政令で定めるもの<br>十二　前各号に掲げるもののいずれかを含有するもの | | |
| 第4類 | 引火性液体 | 一　特殊引火物 | | 50 ℓ |
| | | 二　第1石油類 | 非水溶性液体 | 200 ℓ |
| | | | 水溶性液体 | 400 ℓ |
| | | 三　アルコール類 | | 400 ℓ |
| | | 四　第2石油類 | 非水溶性液体 | 1000 ℓ |
| | | | 水溶性液体 | 2000 ℓ |
| | | 五　第3石油類 | 非水溶性液体 | 2000 ℓ |
| | | | 水溶性液体 | 4000 ℓ |
| | | 六　第4石油類 | | 6000 ℓ |
| | | 七　動植物油類 | | 10000 ℓ |
| 第5類 | 自己反応性物質 | 一　有機過酸化物<br>二　硝酸エステル類 | 第1種自己反応性物質 | 10 kg |

1 学期 筆記試験対策

2 学期 実技試験対策

3 学期 模擬試験

| | | 三　ニトロ化合物<br>四　ニトロソ化合物<br>五　アゾ化合物<br>六　ジアゾ化合物 | | |
| | | 七　ヒドラジンの誘導体<br>八　ヒドロキシルアミン<br>九　ヒドロキシルアミン塩類<br>十　その他のもので政令で定めるもの<br>十一　前各号に掲げるもののいずれかを含<br>　　有するもの | 第2種自己反応性<br>物質 | 100 kg |
| 第6類 | 酸化性液体 | 一　過塩素酸<br>二　過酸化水素<br>三　硝酸<br>四　その他のもので政令で定めるもの<br>五　前各号に掲げるもののいずれかを含有<br>　　するもの | | 300 kg |

〈備考〉

1　**酸化性固体**とは、固体（液体（1気圧において、温度20度で液状であるもの又は温度20度を超え40度以下の間において液状となるものをいう。以下同じ）又は気体（1気圧において、温度20度で気体状であるものをいう）以外のものをいう。以下同じ）であって、酸化力の潜在的な危険性を判断するための政令で定める試験において政令で定める性状を示すもの又は衝撃に対する敏感性を判断するための政令で定める試験において政令で定める性状を示すものであることをいう。

2　**可燃性固体**とは、固体であって、火炎による着火の危険性を判断するための政令で定める試験において政令で定める性状を示すもの又は引火の危険性を判断するための政令で定める試験において引火性を示すものであることをいう。

3　**鉄粉**とは、鉄の粉をいい、粒度等を勘案して総務省令で定めるものを除く。

4　硫化りん、赤りん、硫黄及び鉄粉は、備考第2号に規定する性状を示すものとみなす。

5　**金属粉**とは、アルカリ金属、アルカリ土類金属、鉄及びマグネシウム以外の金属の粉をいい、粒度等を勘案して総務省令で定めるものを除く。

6　マグネシウム及び第二類の項第八号の物品のうちマグネシウムを含有するものにあっては、形状等を勘案して総務省令で定めるものを除く。

7　**引火性固体**とは、固形アルコールその他1気圧において引火点が40度未満のものをいう。

8　**自然発火性物質及び禁水性物質**とは、固体又は液体であって、空気中での発火の危険性を判断するための政令で定める試験において政令で定める性状を示すもの又は水と接触して発火し、若しくは可燃性ガスを発生する危険性を判断するための政令で定める試験において政令で定める性状を示すものであることをいう。

9　カリウム、ナトリウム、アルキルアルミニウム、アルキルリチウム及び黄りんは、前号に規定する性状を示すものとみなす。

10　**引火性液体**とは、液体（第三石油類、第四石油類及び動植物油類にあっては、1気圧において、温度20度で液状であるものに限る）であって、引火の危険性を判断するための政令で定める試験において引火性を示すものであることをいう。

11　**特殊引火物**とは、ジエチルエーテル、二硫化炭素その他1気圧において、発火点が100度以下のもの又は引火点が零下20度以下で沸点が40度以下のものをいう。

12　**第一石油類**とは、アセトン、ガソリンその他1気圧において引火点が21度未満のものをいう。

13　**アルコール類**とは、1分子を構成する炭素の原子の数が1個から3個までの飽和1価アルコール（変性アルコールを含む）をいい、組成等を勘案して総務省令で定めるものを除く。

14　**第二石油類**とは、灯油、軽油その他1気圧において引火点が21度以上70度未満のものをいい、塗料類その他の物品であって、組成等を勘案して総務省令で定めるものを除く。

15　**第三石油類**とは、重油、クレオソート油その他1気圧において引火点が70度以上200度未満のものをいい、塗料類その他の物品であって、組成を勘案して総務省令で定めるものを除く。

16　**第四石油類**とは、ギヤー油、シリンダー油その他1気圧において引火点が200度以上250度未満のものをいい、塗料類その他の物品であって、組成を勘案して総務省令で定めるものを除く。

17　**動植物油類**とは、動物の脂肉等又は植物の種子若しくは果肉から抽出したものであって、1気圧において引火点が250度未満のものをいい、総務省令で定めるところにより貯蔵保管されているものを除く。

18　**自己反応性物質**とは、固体又は液体であって、爆発の危険性を判断するための政令で定める試験において政令で定める性状を示すもの又は加熱分解の激しさを判断するための政令で定める試験において政令で定める性状を示すものであることをいう。

19　第5類の項第11号の物品にあっては、有機過酸化物を含有するもののうち不活性の固体を含有するもので、総務省令で定めるものを除く。

20　**酸化性液体**とは、液体であって、酸化力の潜在的な危険性を判断するための政令で定める試験において政令で定める性状を示すものであることをいう。

21　この表の性質欄に掲げる性状の2以上を有する物品の属する品名は、総務省令で定める。

---

## ✎ よく出る問題 ✐

### 問 1 ───────────────────────── [ 難易度 ☺ ☺ ☹ ]

次のものは、危険物に関する記述であるが、消防法令上誤っているものはどれか。

(1)　第4類は、引火性液体であり、アルコール類、石油類などがある。

(2)　第1類は、酸化性液体であり、過塩素酸、硝酸などがある。

(3)　第5類は、自己反応性物質であり、有機過酸化物、ニトロ化合物などがある。

(4)　第3類は、自然発火性物質及び禁水性物質であり、ナトリウム、黄りんなどがある。

**［解説］**　第1類は酸化性固体であり、酸化性液体は第6類です。

### 問 2 ───────────────────────── [ 難易度 ☺ ☺ ☹ ]

次のものは、第4類引火性液体に関する記述であるが、消防法令上誤っているものはどれか。

(1)　動植物油類は、原則として、1気圧において、引火点が250度未満のものである。

(2)　ガソリンは、引火点にかかわらず第1石油類に該当する。

(3)　液体とは、1気圧において、温度20度で液状であるものに限られている。

(4)　灯油は、引火点にかかわらず第2石油類に該当する。

**［解説］**　液体とは、1気圧において、温度20度で液状であるもののほか、温度20度を超え40度以下の間において液状となるものが含まれます。なお、引火性液体における液体は、第3石油類、第4石油類及び動植物油類にあっては、1気圧において、温度20度で液状であるものに限定されていることに注意する必要があります。

---

**［解答］** 問1-(2)　問2-(3)

## レッスン 1-14 少量危険物・指定可燃物・製造所等

重要度

### (1) 少量危険物と指定可燃物（法第9条の4）

指定数量未満の危険物などの貯蔵、取扱いの基準の規制は、「危険物の危険性を勘案して政令で定める**数量（指定数量）未満の危険物及びわら製品、木毛、その他の物品で、火災が発生した場合にその拡大が速やかであり、又は消火の活動が著しく困難となる指定可燃物**（表1参照）その他指定可燃物に類する物品の位置、構造及び設備の技術上の基準並びに貯蔵及び取扱いの技術上の基準は、市町村条例でこれを定める」となっています。

● 表1　指定可燃物 ●

| 品　名 | | 指定数量 |
|---|---|---|
| ① 綿花類 | | 200 kg 以上 |
| ② 木毛及びかんなくず | | 400 kg 以上 |
| ③ ぼろ及び紙くず | | 1000 kg 以上 |
| ④ 糸類 | | 1000 kg 以上 |
| ⑤ わら類 | | 1000 kg 以上 |
| ⑥ 再生資源燃料 | | 1000 kg 以上 |
| ⑦ 可燃性個体類 | | 3000 kg 以上 |
| ⑧ 石炭・木炭類 | | 10000 kg 以上 |
| ⑨ 可燃性液体類 | | 2 m³ 以上 |
| ⑩ 木材加工品及び木くず | | 10 kg 以上 |
| ⑪ 合成樹脂類 | 発泡させたもの | 20 kg 以上 |
| | その他のもの | 3000 kg 以上 |

### (2) 危険物の製造所等（法第3章）

① 危険物製造所等の種類

危険物製造所等の種類は、図1のように分類されています。

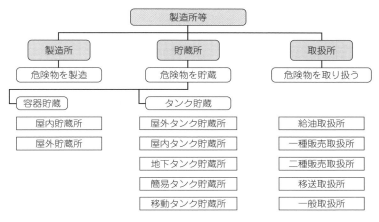

● 図1　製造所等の種類 ●

② 製造所等の許可権者

**製造所等を設置しようとする者**は、製造所等ごとに、表2に掲げる製造所等の区分に応じ、当該管轄となる者の許可を受ける必要があります。また、製造所等の位置、構造又は設備を変更しようとする者も、同様とされています。

● 表2　製造所等の区分と許可権者 ●

| 製造所等の区分 | 設置される場所 | 許可権者 |
|---|---|---|
| **製造所、貯蔵所又は取扱所**<br>配管によって危険物の移送の取扱いを行うもので政令で定めるもの（以下「移送取扱所」という）を除く | 消防本部及び消防署を置く市町村（「消防本部等所在市町村」という）の区域に設置 | 市町村長 |
| | 消防本部等所在市町村以外の市町村の区域に設置 | 都道府県知事 |
| **移送取扱所**<br>配管及びポンプ並びにこれらに附属する設備（危険物を運搬する船舶からの陸上への危険物の移送については、配管及びこれに附属する設備）によって危険物の移送の取扱いを行う取扱所（当該危険物の移送が当該取扱所に係る施設（配管を除く）の敷地及びこれとともに一団の土地を形成する事業所の用に供する土地内にとどまる構造を有するものを除く） | 1の消防本部等所在市町村の区域のみに設置 | 市町村長 |
| | 2以上の同一都府県内の消防本部等所在市町村の区域にわたって設置 | 都道府県知事 |
| | 2以上の都道府県の区域にわたって設置 | 総務大臣 |

③ 製造所等の消火設備

表3のように第1種から第5種までに分類されています。

● 表3　製造所等の消火設備 ●

| 区　分 | 消火設備の種類 |
|--------|--------------|
| 第1種 | 屋内・屋外消火栓設備 |
| 第2種 | スプリンクラー設備 |
| 第3種 | 水蒸気・水噴霧・泡・二酸化炭素・ハロゲン化物・粉末消火設備 |
| 第4種 | 大型消火器 |
| 第5種 | 小型消火器 |

④ 製造所等の警報設備

火災が発生した場合に**自動的に作動する火災報知設備**、その他の**警報設備**（消防機関に**報知ができる電話、非常ベル装置、拡声装置、警鐘**）があります。

📖マメ知識 ➡➡➡　指定可燃物とは

**指定可燃物**は、可燃物が大量に貯蔵されていたり、取り扱われている場合に、火災となったときに延焼拡大危険性が高く、かつ、消火することが困難とされるものについて、指定されているものです。

特に、指定可燃物の概念は、指定可燃物に該当する品名のものが、指定数量以上であるときに該当することとなることに留意する必要があります。

つまり、指定可燃物に該当する品名のものが、指定数量未満であるときには、指定可燃物に該当しないこととなります。

**製造所等**については、位置、構造及び設備に関する技術上の基準が法令により規定されており、製造所等を設置又は変更するときは、この技術上の基準に適合する必要があります。

製造所等のうち、**移動タンク貯蔵所**は、土地に定着して設置されるものでなく、一般的に日本国内の道路を走行することから、移動タンク貯蔵所を造る場合に許可権者については、当該移動タンク貯蔵所の常置場所を管轄することとなる市町村長等が許可権者とされています。

 よく出る問題

**問 1** ─────────────────────────── 【 難易度 ☺ ☺ ☹ 】

次のものは、製造所等に関する記述であるが、消防法令上誤っているものはどれか。

(1) 製造所は、危険物を製造する施設が該当する。

(2) 移送取扱所は、車両により危険物を移送する施設が該当する。

(3) 貯蔵所には、タンクにより製造するものと容器により貯蔵するものがある。

(4) 給油取扱所は、専ら車両等に危険物を給油する施設である。

**解説** 移送取扱所は、危険物を配管により移送するものであり、車両により危険物を移送するものは移動タンク貯蔵所です。

**問 2** ─────────────────────────── 【 難易度 ☺ ☺ ☹ 】

次のものは、製造所等の区分と許可権者に関する記述であるが、消防法令上誤っているものはどれか。

(1) 消防本部及び消防署を置いていない市町村の区域内に製造所を設置する場合は、都道府県知事である。

(2) 消防本部及び消防署を置いている市町村の区域内に給油取扱所を設置する場合は、市町村長である。

(3) 消防本部及び消防署を置いていない市町村の区域内に移送取扱所を設置する場合は、市町村長である。

(4) 移送取扱所を2以上の消防本部及び消防署を置いていない市町村の区域内に設置する場合は、都道府県知事である。

**解説** 製造所等の許可権者は、原則として、当該設置場所を管轄する市町村長となっているが、次のような例外があります。

① 消防本部及び消防署を置いていない市町村の場合 → 都道府県知事

② 移送取扱所

・2以上の市町村の区域にわたって設置される場合 → 都道府県知事

・2以上の都道府県の区域にわたって設置される場合 → 総務大臣

**解答** 問1－(2)　　問2－(3)

## レッスン1の重要事項のまとめ

**(1) 最重要事項**

① **防火対象物とその用途**：令別表第1の用途は、基本であり、項番号、代用的な用途は、覚えておこう。特定防火対象物とは、令別表第1（1）項から（4）項まで、（5）項イ、（6）項、（9）項イ、（16）項イ、（16の2）項及び（16の3）項に掲げる防火対象物です。

② **消防設備規制の体系**：消防用設備等、必要とされる防火安全性能を有する消防の用に供する設備等、条例による付加規制、特殊消防用設備等に係る体系や基準の特例について、しっかり覚えておこう。

③ **遡及制度と用途変更**

④ **消防同意と設置届出・消防検査**：消防同意制度の概要や消防用設備等・特殊消防用設備等の設置届出、消防検査についての制度、仕組みをしっかり覚えておこう。

⑤ **消防用設備等の点検・報告制度**：消防用設備等に係る点検報告制度について、消防設備士及び消防設備点検資格者が点検を行うことのできる消防用設備等、必要とされる防火安全性能を有する消防の用に供する設備等の種類や範囲について、正確に覚えておこう。

⑥ **消防設備士制度**：消防設備士の類別や業務独占の範囲、消防設備士の講習受講義務、責務、免状の携帯義務、工事着手の届出などについては、しっかり覚えよう。

**(2) 重要事項**

① **消防関係法令用語**：防火対象物、消防対象物、関係者、関係者、関係のある場所、舟車、特定防火対象物、特定1階段等防火対象物、地下街、準地下街、避難階、無窓階等の用語の定義については、覚えておこう。

② **危険物等の規制制度**：危険物製造所等に設置される消防用設備等は、消防設備士の工事又は整備の対象であり、危険物、特殊可燃物や製造所等の種類、手続きの概要等は、覚えておこう。

③ **検定・自主表示・認定制度**：消防用機械器具等の検定・認定制度の概要や消防用設備等又はこれらの部分である機械器具の認定制度の概要について、覚えておこう。

④ **防火管理・統括防火管理者**：防火対象物における防火管理制度（管理権原者、防火管理者、選解任、業務、消防計画など）や管理権原の異なる防火対象物における統括防火管理者の選任対象、選解任、業務などについて、覚えておこう。

⑤ **立入検査、措置命令等**：消防長又は消防署長が行う防火対象物の火災予防の観点から行う立入検査、措置命令等の内容について、覚えておこう。

⑥ **防炎規制制度**：防炎対象防火対象物の範囲や防炎対象物品の品名などについて、覚えておこう。

⑦ **防火対象物の点検報告制度等**：防火対象物の点検対象範囲、点検資格者、点検方法や報告などについて、覚えておこう。

# レッスン 2 消防関係法令Ⅱ（指定区分・第7類）

漏電火災警報器の関係法令として、義務設置に係る建物物に関する要件や漏電火災警報器の設置基準について学んでいきます。なお、「レッスン2-3 漏電火災警報器の設置基準②」については実技試験と関連がありますのでしっかり学びましょう。

- 2-1「**漏電火災警報器を設置する防火対象物**」では、漏電火災警報器の設置が義務付けられる建築物の要件として、「**構造要件**」「**面積要件**」「**契約電流容量要件**」を覚える必要があります。このうち、「**面積要件**」「**契約電流容量要件**」については、防火対象物ごとの要件をきちんと整理しておくことが重要です。
- 2-2「**漏電火災警報器の設置基準①**」では、受信機、変流器及び音響装置を設置する場所（箇所）について把握してください。
- 2-3「**漏電火災警報器の設置基準②**」では、受信機や変流器を設置する際の配線方法や漏洩電流を検出する際の設定値について解説しています。特に変流器の配線方法（設置方法）は、実技試験でもよく出題されますのでどのような場所に設置するかについて、周辺機器との位置関係を含めしっかり把握してください。
- 2-4「**漏電火災警報器の配線**」では、漏電火災警報器を防火対象物に設置する際の「**使用する電線**」や「**設置時の絶縁抵抗**」について解説しています。絶縁抵抗については、「**漏電火災警報器の技術上の規格を定める省令**」（以下「規格省令」という）で要求されている絶縁抵抗試験とは異なりますので、間違えないように注意してください。
- 2-5「**漏電火災警報器の接続方法**」では、火災や感電を防止するための接地工事や接地線に関して、B種接地線に関連する内容が出題される傾向があります。

# 漏電火災警報器を設置する防火対象物

## レッスン 2-1

重要度 ///

図1のようなラスモルタル造の木造建築などでは、電源引込口貫通部で電線の絶縁が破れた場合、そこからラス（鉄網）の金属部に漏電すると、ラスの電気抵抗による発熱により木造部分が加熱されることで火災が発生するおそれがあります。

漏電火災警報器は、このような火災を予防するため、漏電が発生したら自動的に警報を発報し、関係者に報知するための設備です。ここでは、漏電火災警報器の設置が必要な建物（防火対象物）の要件である**構造要件、面積要件、契約電流容量要件**について学んでいきます。

● 図1　ラスモルタル造の木造建築 ●

### （1）構造要件

防火対象物の構造要件は、簡単にいうと「ラスモルタル造の<u>木造建築物</u>」ですが、難しくいう（法令的にいう）と次のようになります。

　　<u>間柱、根太、天井野縁又は下地を準不燃材料以外の材料で造った</u>ラスモルタル造（鉄網入り）の壁、床又は天井を有する建築物

### （2）面積要件・契約電流容量要件

面積要件（延べ床面積）及び契約電流容量要件（電気事業者と契約した電流容量）は、裏表紙の裏（裏見返し左）の表のとおりです。

# よく出る問題

## 問 1 ──────────────────── [ 難易度 ☺ ☺ ☺ ]

次のものは、漏電火災警報器の設置義務がある防火対象物の構造に関する記述であるが、正しいものはどれか。

(1) 壁及び床が鉄筋コンクリートで造られているもの。
(2) 壁及び床の下地が準不燃材で造られているもの。
(3) 壁及び床が金属板張りで造られているもの。
(4) 壁の下地が木材で造られたラスモルタル造のもの。

**解説**　漏電火災警報器を防火対象物に設置しなければならない構造要件は、「間柱、根太、天井野縁又は下地を準不燃材料以外の材料で造ったラスモルタル造（鉄網入り）の壁、床又は天井を有する建築物」です。

(1)、(2)、(3) は、不燃材又は準不燃材であり、準不燃材料以外の材料に該当しないので誤り。

(4) は、準不燃材料以外の材料に該当するので正しい。

## 問 2 ──────────────────── [ 難易度 ☺ ☺ ☺ ]

次のうち漏電火災警報器の設置義務がある防火対象物はどれか。ただし、当該防火対象物の構造は、下地を準不燃材料以外の材料で造ったラスモルタル造の壁を有するものとする。

(1) 延べ面積 400 m²、契約電流容量 50 A の図書館
(2) 延べ面積 250 m²、契約電流容量 60 A の工場
(3) 延べ面積 200 m²、契約電流容量 50 A の共同住宅
(4) 延べ面積 200 m²、契約電流容量 40 A の料理店

**解説**　漏電火災警報器の設置義務が発生する建築物の要件は、令第22条第1項により「構造要件」、「面積要件」、「契約電流容量要件」があります。この場合、構造要件が満たされていますので、面積要件又は契約電流要件を満たすものが該当します。

(1) 図書館は、延べ面積 500 m² 以上、契約電流要件はなし。
(2) 工場は、延べ面積 300 m² 以上、契約電容量要件はなし。
(3) 共同住宅は、延べ面積 150 m² 以上、契約電流要件は 50 A を超えるもの。
(4) 料理店は、延べ面積 300 m² 以上、契約電流要件は 50 A を超えるもの。

**解答**　問1 - (4)　　問2 - (3)

# 漏電火災警報器の設置基準①

重要度 ////

　ここでは漏電火災警報器（受信機・変流器・音響装置）をどのような場所に設置するのかについて学んでいきます。

## （1）漏電火災警報器の設置に適さない場所

　漏電火災警報器は、次のa）〜g）に掲げる場所には設置しないこととされています。ただし、やむをえずこれらの場所に設置する場合は、設置場所に適した防護措置（防爆、防腐、防温、防振又は静電遮へいなど）を施す必要があります。

　また、a）の場所にあっては、**その作動と連動して電流の遮断を行う装置をこれらの場所以外の安全な場所に設ける**必要があります。

- a）　可燃性蒸気、可燃性ガス又は可燃性微粉が滞留するおそれのある場所
- b）　火薬類を製造し、貯蔵し又は取り扱う場所
- c）　腐食性の蒸気、ガスなどが発生するおそれのある場所
- d）　湿度の高い場所
- e）　温度変化の激しい場所
- f）　振動が激しく機械的の損傷を受けるおそれのある場所
- g）　大電流回路、高周波発生回路等により影響を受けるおそれのある場所

## （2）受信機の設置場所

　受信機は、一般的に**屋内の点検が容易な場所** 重要！ に設置することになっています。しかし、建築構造上、これによりがたい場合は屋外型を用いるか、又は雨水対策として防水上有効なケースに収めるなど適当な防護措置を講じたときは、**屋外の点検が容易な場所**に設置することができるとされています。

## （3）変流器の設置場所

　変流器は、建築物に電気を供給する**屋外の電路**（建築構造上屋外の電路に設けることが困難な場合にあっては、**電路の引込口に近接した屋内の電路**）又は **B 種接地線**で、当該変流器の**点検が容易な位置** 重要！ に堅固に取り付けることとされています（設置例は次のレッスン2-3（3）で示しています）。

　これは、ラスモルタル構造では、電路を引き込む建築物の外壁などで漏電火災発生の危険性が高いため、屋外の電路に取り付けることを原則とされたものです。なお、屋外の電路に設ける場合は、屋外型のもの、又は防水上有効な措置を講じたときにあっては、屋内型のものを設置することができるとされています。

## （4）音響装置の設置場所

　音響装置は、**防災センター**などに設け、**音圧及び音色**はほかの警報音又は騒音と明らかに**区別して聞き取る**ことができるように設けることとされています。

# よく出る問題

## 問 1 ──────────── [ 難易度 ☺ ☺ ☺ ]

次のものは、可燃性蒸気、可燃性粉じん等が滞留するおそれのある場所に漏電火災警報器を設置する場合に関する記述であるが、正しいものはどれか。

(1)　漏電火災警報器の作動と連動して電流の遮断を行う装置をこれらの場所以外の安全な場所に設けること。
(2)　漏電火災警報器を設けないとすること。
(3)　漏電火災警報器の受信機は、屋外型とすること。
(4)　振動が激しく機械的損傷を受けないような防護措置をすること。

**解説**　やむをえず、可燃性蒸気、可燃性粉じん等が滞留するおそれのある場所に漏電火災警報器を設置する場合の措置については、(1) のとおり規則第24条の2第5号に規定されています。

## 問 2 ──────────── [ 難易度 ☺ ☺ ☺ ]

漏電火災警報器の受信機の設置場所として、次のうち最も適切な場所を答えなさい。

(1)　火薬類を製造し、貯蔵し又は取り扱う場所
(2)　屋内の点検が容易な場所
(3)　湿度の高い場所
(4)　可燃性蒸気、可燃性ガス又は可燃性微粉が滞留するおそれのある場所

**解説**　漏電火災警報器は、(1)、(3)、(4) の場所には設置しないこととされています。
　ただし、やむをえずこれらの場所に設置する場合は、設置場所に適した防護措置（防爆、防腐、防温、防振又は静電遮へいなど）を施す必要があるとされています。

## 問 3 ──────────── [ 難易度 ☺ ☺ ☺ ]

漏電火災警報器（変流器）を設置する対象とされている接地線について、正しいものは、次のうちどれか答えなさい。

(1)　A種接地線　　(2)　B種接地線　　(3)　C種接地線　　(4)　D種接地線

**解説**　変流器の設置位置については、次のように定められています。
　「変流器は、建築物に電気を供給する屋外の電路（建築構造上、屋外の電路に設けることが困難な場合にあっては、電路の引込口に近接した屋内の電路）又はB種接地線で、当該変流器の点検が容易に行える位置に堅固に取り付けること。」

**解答**　問1－(1)　　問2－(2)　　問3－(2)

# 漏電火災警報器の設置基準②

重要度 🖊🖊🖊

　ここではレッスン2-2で学んだ設置場所に、漏電火災警報器をどのように設置すればよいのかについて学んでいきます。

## （1）漏電火災警報器（受信機）の電源 重要!

　受信機の電源（操作電源）は、図1のように**電流制限器**（契約電流容量を超える電流が流れたときに自動的に動作し、電気の供給を停止させる機器）又は電流制限器を設けていない場合にあっては、**主開閉器の一次側から専用回路として分岐**し、その専用回路には、**開閉器**（定格15Aのヒューズ付き開閉器又は定格20Aの配線用遮断器に限る）を設け、開閉器には、漏電火災警報器用のものである旨を**表示（白地に赤文字）**することとされています。

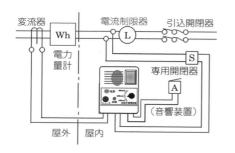

（a）電流制限器がある場合　　　　（b）主開閉器がある場合

● 図1　電源の分岐方法 ●

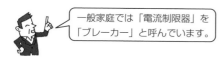

一般家庭では「電流制限器」を「ブレーカー」と呼んでいます。

## （2）検出漏洩電流設定値

　検出漏洩電流設定値（漏電火災警報器が、警戒電路において、一定の漏洩電流が発生した場合に作動するように、あらかじめ受信機において設定する電流値）は、誤報が生じないように、建築物の警戒電路の負荷、電線こう長（電線の長さ）等を考慮して**100～400mA（B種接地線に設けるものは400～800mA）**の範囲内に設定することとされています。

**(3) 変流器の設置例など（図2〜図5参照）**

① 低圧による引込方式（単相2線式）

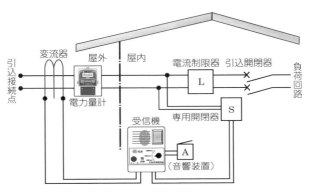

● 図2　変流器を屋外に設置する例 ●

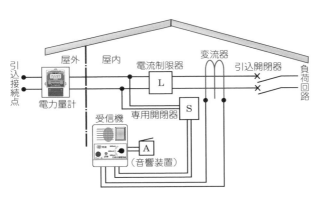

● 図3　変流器を屋内に設置する例 ●

② 変圧器の二次側低圧電路に接続されたB種接地線に変流器を設置する方式

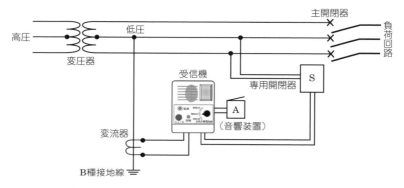

● 図4　単相3線式変圧器のB種接地線に設置する例 ●

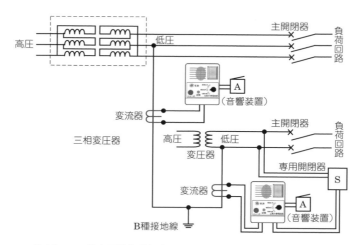

● 図5　三相変圧器と単相変圧器の各バンクごとに設置する例 ●

## ✎ よく出る問題 ✐

**問 ①** ──────────────── [ 難易度 ☺ ☺ ☹ ]

次のものは、漏電火災警報器の受信機の操作電源に関する記述であるが、誤っているものはどれか。

(1) 操作電源の開閉器には、漏電火災警報用のものである旨を白地に赤文字で表示すること。

(2) 操作電源の回路には、定格 15 A のヒューズ付き開閉器又は定格 20 A の配線用遮断器を設けること。

(3) 操作電源は、自動火災報知設備の受信機と共用することができること。

(4) 操作電源は、原則として電流制限器の一次側より分岐して設けること。

 **解説** 受信機の操作電源は、電流制限器又は電流制限器を設けていない場合にあっては、主開閉器の一次側から専用回路として分岐し、その専用回路には、開閉器（定格 15 A のヒューズ付き開閉器又は定格 20 A の配線用遮断器に限る）を設け、開閉器には、漏電火災警報器用のものである旨を表示（白地に赤文字）することとされていることから、ほかの消防用設備等（自動火災報知設備）と共用することはできません。

**問 ②** ──────────────── [ 難易度 ☺ ☺ ☹ ]

次のものは、漏電火災警報器の変流器の設置に関する記述であるが、誤っているものはどれか。

(1) 変流器は、電気を供給する電路の引込口から 60 cm 以上離した屋内の電路に設ける。

(2) B 種接地線を有するものは、当該 B 種接地線に変流器を設けることができる。

(3) 変流器は、建築物に電気を供給する屋外の電路に設ける。

(4) 建築構造上、屋外の電路に変流器を設けることが困難な場合は、電路の引込口に近接した屋内の電路に設ける。

 **解説** 変流器は、規則第 24 条の 3 において、建築物に電気を供給する屋外の電路（建築構造上、屋外の電路に設けることが困難な場合にあっては、電路の引込口に近接した屋内の電路）又は B 種接地線で当該変流器の点検が容易な位置に堅固に取り付けることと規定されています。

**解答** 問 1 − (3)　　問 2 − (1)

1 学期 → 筆記試験対策

2 学期 → 実技試験対策

3 学期 → 模擬試験

# 漏電火災警報器の配線

重要度 🖊🖊🖊

　漏電火災警報器を設置するときは、電気工作物の保安を確保するための法令（「電気設備の技術基準を定める省令」）によって、使用する電線が決められています。ここでは、漏電火災警報器を設置するときに用いる電線について学んでいきます。

## （1）漏電火災警報器の配線

　電線は、図1の配線箇所により裏表紙の裏（裏見返し右）の表のA欄に掲げる電線の種類に応じ、それぞれB欄に掲げる規格に適合し、かつ、C欄に掲げる**導体直径**もしくは導体の**公称断面積**を有するもの又はこれと同等以上の太さ、引張強さ並びに絶縁効力等の性能を有するものとされています。

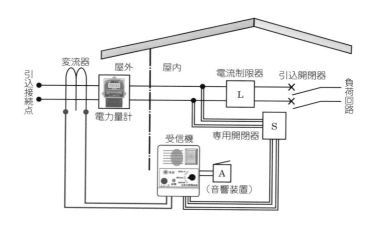

━━：操作電源の配線　──：変流器の二次側配線　──：音響装置の配線

● **図1　漏電火災警報器に用いる配線（例）** ●

## （2）消防用設備等の配線の絶縁抵抗

　消防用設備等の電源回路、操作回路、表示灯回路、警報回路、感知器回路、附属装置回路、その他の回路の絶縁抵抗値は、表1の左欄に掲げる使用電圧の区分に応じ、それぞれ右欄の数値以上であることを総合点検時に確認します（ほかの法令により点検が実施されている場合は、その測定値をもってあてることができます）。

　消防用設備等の漏電火災警報器は、表2のように大地間及び配線相互間の絶縁抵抗を**絶縁抵抗計**により測定します。

### ● 表1　電路の絶縁抵抗値 ●

| 電路の使用電圧の区分 | | 絶縁抵抗値〔MΩ〕 |
|---|---|---|
| 300 V 以下 | 対地電圧が 150 V 以下のもの | 0.1 |
| | 対地電圧が 150 V を超え 300 V 以下のもの | 0.2 |
| 300 V を超えるもの | | 0.4 |

### ● 表2　漏電火災警報器の電路の絶縁抵抗値 ●

| 測定箇所 | | 絶縁抵抗値〔Ω〕 |
|---|---|---|
| 使用電圧が 150 V 以下 | 電源回路及び音響装置回路の配線と大地間 | 0.1 MΩ 以上 |
| 使用電圧が 150 V を超え 300 V 以下 | 電源回路の配線と大地間 | 0.2 MΩ 以上 |
| 変流器回路の配線と大地間 | | 0.1 MΩ 以上 |

## ✐ よく出る問題 ✐

### 問 1 ─────────────────────[ 難易度 ☺ ☺ ☺ ]

漏電火災警報器を設置した場合（対地電圧 150 V 以下）、「受信機の電源回路の電源側配線と大地間」及び「変流器の二次側配線と大地間」を直流 500 V の絶縁抵抗計で測定した場合、電圧電路の絶縁抵抗値は何 MΩ 以上必要か、次のうち適切な数値を選択しなさい。

（1）　0.1
（2）　0.2
（3）　0.4
（4）　1.0

解説　　漏電火災警報器を設置した場合、その配線について「電気設備の技術基準を定める省令」において、受信機の電源回路の電源側配線と大地間、及び「変流器回路の配線と大地間」を絶縁抵抗計で測定した値は 0.1 MΩ 以上とされています。

---

解答 問 1 －（1）

# レッスン 2-5 漏電火災警報器の接続方法

　建築物に電気を通す電気工事は、資格者（電気工事士）が行い、電気製品は、電気用品安全法の規格に適合したものを使用するなど、電気を利用するにあたり火災や感電を防止するためにさまざまな措置が講じられています。ここでは、漏電火災警報器を接続する際の注意点等について学んでいきます。

**(1) 電線の接続方法など**

① 　配線が壁体などを貫通するときは、図1のようにがい管等の適当な防護措置を講じる必要があります。

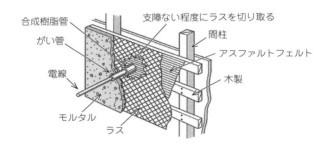

● **図1　ラスモルタル壁の電線貫通工事** ●

② 　変流器は、金属管又は金属遮へいのあるケーブルなどを貫通させても特性上支障はありませんが、図2のように変流器の取付位置よりも電源側（引込線側）に金属管に**D種接地工事**が行われている場合、金属配管内に漏電が発生したときに漏洩電流が変流器内を往復するだけで、磁束が打ち消され、漏電を検出できない場合があります。このようなときは、**変流器の負荷側にD種接地線を移す**か、変流器の取付位置を金属管以外の場所に変える必要があります。

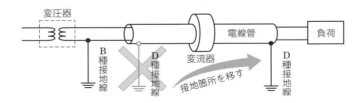

● **図2　金属配管工事が行われているところに変流器を設置する場合** ●

## (2) 接地線と接地工事

　火災や感電を防止するために漏電電流を接地側に流す必要があります。このため、電気工事では、表1のように4種類の接地工事があります。

### ● 表1　接地工事の種類 ●

| 種類 | 設置方法 | 接地抵抗値 |
|---|---|---|
| A種接地工事 | 高圧用又は特別高圧用の機器の外箱又は鉄台の接地 | $R \leq 10\,\Omega$ |
| B種接地工事 | 高圧又は特別高圧と低圧を結合する変圧器の中性点の接地 | 変圧器の高圧側の電路の1線地絡電流のアンペア数で150を除した値以下 |
| C種接地工事 | 300 V を超える低圧用の機器の外箱又は鉄台の接地 | $R \leq 10\,\Omega$ |
| D種接地工事 | 300 V 以下の低圧用の機器の外箱又は鉄台の接地<br>例）洗濯機等の水気・湿気の多い場所で使用する電気器具 | $R \leq 100\,\Omega$ |

## (3) 電圧の区分

　電圧は、電気設備に関する技術基準を定める省令により、表2のような区分で電圧の大きさが定義されています。

### ● 表2　電圧の区分 ●

| 区分 | 交流 | 直流 |
|---|---|---|
| 低圧 | 600 V 以下のもの | 750 V 以下のもの |
| 高圧 | 600 V を超え 7000 V 以下のもの | 750 V を超え 7000 V 以下のもの |
| 特別高圧 | 7000 V を超えるもの | 7000 V を超えるもの |

### 📖 マメ知識 ➡➡➡　B種接地工事の役割

　B種接地とは、低圧の電路と高圧の電路を接触させたとき、低圧側の電圧を上昇させないための接地です。B種接地線がないと、変圧器の故障で低圧と高圧が接触した場合、低圧の 200 V や 100 V の電路に高圧の 6600 V が流れてしまいます。100 V や 200 V で使用する機器にこのような高圧が印加されれば、機器が焼損したり、故障したりしてしまいます。

## 問 1 ――――――――――――――――――――――――― [ 難易度 ☺ ☺ ☹ ]

次のものは、設置工事の種類とその接地抵抗値に関する記述であるが、誤っているものは
どれか。

(1) C 種接地工事 ――――――――― 10 Ω 以下
(2) B 種接地工事 ――――――――― 100 Ω 以下
(3) D 種接地工事 ――――――――― 100 Ω 以下
(4) A 種接地工事 ――――――――― 10 Ω 以下

**解説** 　B 種接地工事には、定まった接地抵抗値は存在しませんが、変圧器の高圧側の電路に地絡
電流のアンペア数 150 を除いた値に等しい抵抗値以下とされています。

## 問 2 ――――――――――――――――――――――――― [ 難易度 ☺ ☺ ☹ ]

次のものは、漏電火災警報器の変流器を主幹回路又は分岐回路に設置する方式に関する記
述であるが、誤っているものはどれか。

(1) 丸形ビニル外装ケーブルをそのまま貫通させる方式
(2) 平形ビニル外装ケーブルをそのまま貫通させる方式
(3) 変流器の非警戒電路側（引込線側）の鉛被覆に、接地工事を施してある鉛被覆ケー
　　ブルをそのまま貫通させる方式
(4) 変流器の警戒電路側に接地工事を施してある金属管工事の配線をそのまま貫通させ
　　る方式

**解説** 　変流器は、鉛被覆などの金属管又は金属遮へいのあるケーブルを貫通させても特性上支
障はありませんが、(3) の場合は、レッスン 2-5 図 2 の場合を示しており、変流器の取付
位置よりも電源側（引込線側）で金属管に D 種接地工事が行われているときは、金属配管
内に漏電が発生したときに漏洩電流が変流器内を往復するだけで、磁束が打ち消され、漏電
を検出できない場合があります。
　このようなときは、(4) のように変流器の警戒電路（負荷側）に D 種接地線を移すか、
変流器の取付位置を金属管以外の箇所に変える必要があります。

---

**解答** 問 1 － (2) 　　問 2 － (3)

これは覚えておこう！

## レッスン2の重要事項のまとめ

① 漏電火災警報器の設置要件

  a) 構造要件：間柱、根太、天井野縁又は下地を準不燃材料以外の材料で造ったラスモルタル造（鉄網入り）の壁、床又は天井を有する建築物

  b) 面積要件、契約電流容量要件

    次ページの表1。

② 漏電火災警報器の設置場所

  a) 受信機

    屋内の点検が容易な場所に設置。

  b) 変流器

    建築物に電気を供給する屋外の電路又はB種接地線で、当該変流器の点検が容易な位置に堅固に取り付ける。

  c) 音響装置

    防災センターなどに設け、音圧及び音色はほかの警報音又は騒音と明らかに区別して聞き取ることができるように設ける。

③ 受信機の操作電源

  電流制限器の（電流制限器を設けていない場合は主開閉器）の一次側から専用回路として分岐。専用回路には開閉器を設け、当該開閉器には漏電火災警報器用のものである旨の表示（白地に赤文字）が必要。

④ 検出漏洩電流設定値

  誤報が生じないように、建築物の警戒電路の負荷、電線こう長等を考慮して100〜400 mA（B種接地線に設けるものは400〜800 mA）の範囲内に設定する。

## ● 表1　漏電火災警報器の設置が必要な防火対象物 ●

| 区分 | | 防火対象物 | 延べ面積 | 契約電流容量 |
|---|---|---|---|---|
| (1) | イ | 劇場、映画館、演芸場 | 300 m² 以上 | 50 A を超えるもの |
| | ロ | 公会堂、集会場 | | |
| (2) | イ | キャバレー、ナイトクラブなど | | |
| | ロ | 遊技場、ダンスホールなど | | |
| | ハ | 性風俗関連特殊営業を営む店舗など | | |
| | ニ | カラオケボックスなど | | |
| (3) | イ | 待合、料理店など | | |
| | ロ | 飲食店 | | |
| (4) | | 百貨店、マーケット、展示場など | | |
| (5) | イ | 旅館、ホテル、宿泊所など | 150 m² 以上 | |
| | ロ | 寄宿舎、下宿、共同住宅 | | |
| (6) | イ | 病院、診療所、助産所 | 300 m² 以上 | |
| | ロ | 自力避難困難者入所福祉施設など | | |
| | ハ | 以外の福祉施設（老人デイサービスセンターなど） | | |
| | ニ | 幼稚園、特別支援学校 | | |
| (7) | | 小学校、中学校、高等学校など | 500 m² 以上 | |
| (8) | | 図書館、博物館、美術館など | | |
| (9) | イ | 公衆浴場のうち、蒸気浴場、熱気浴場 | 150 m² 以上 | |
| | ロ | (9) イ以外の公衆浴場 | | |
| (10) | | 車両（電車など）の停車場、船舶、航空機の発着場 | 500 m² 以上 | |
| (11) | | 神社、寺院、教会など | | |
| (12) | イ | 工場、作業場 | 300 m² 以上 | |
| | ロ | 映画スタジオ、テレビスタジオ | | |
| (13) | イ | 駐車場など | | |
| | ロ | 格納庫など | | |
| (14) | | 倉庫 | 1000 m² 以上 | |
| (15) | | (1)～(14)に該当しない事業場 | | |
| (16) | イ | 複合用途防火対象物のうち、その一部が特定防火対象物の用途を含むもの | 500 m² 以上（特定防火対象物用途の合計が300 m² 以上） | 50 A を超えるもの |
| | ロ | (16) イに掲げる複合用途防火対象物以外の複合用途防火対象物 | | |
| (16の2) | | 地下街 | 300 m² 以上 | |
| (16の3) | | 準地下街 | | |
| (17) | | 重要文化財など | 全部 | |

　　　　　特定防火対象物を示す

## レッスン **3** 漏電火災警報器の構造・機能等

漏電火災警報器は、火災に至るような漏電を検知し、警報を発する警報設備で、変流器と受信機で構成されています。レッスン3では、主に規格省令に定められている構造・機能について学んでいきます。また、設置後の点検方法等についても触れてあります。

- 3-1「**漏電火災警報器の構成**」では、漏電火災警報器を構成する受信機と変流器について解説しています。変流器の規格省令上の分類については、出題率が高いので、特徴をつかんで、識別できるようにしてください。
- 3-2「**漏電火災警報器の作動原理**」では、漏洩現象に関する記述問題（空欄を埋める問題）や、変流器の設置位置の違いによる漏洩電流の検出方式について出題されます。
- 3-3「**漏電火災警報器の構造・機能①**」では、漏電火災警報器の「一般構造」、「音響装置」、「表示灯」について、規格省令に定められている要求事項について学習していきます。「一般構造」については、要求事項に関する記述の正しいものや誤ったものを選択する問題が出題されます。「音響装置」及び「表示灯」については、要求事項のうち判定基準に関連する問題が出題されますので、判定基準となる数値に着目して学んでください。
- 3-4「**漏電火災警報器の構造・機能②**」及び3-5「**漏電火災警報器の構造・機能③**」では、変流器及び受信機の機能と表示について、規格省令に定められている要求事項について学んでいきます。出題範囲は広いですが、出題の傾向として、要求事項のうち判定基準に関連する問題がよく出題されますので、判定基準となる数値に着目して学んでください。また、表示事項については、規格省令上、表示が必要であるもの、必要でないもの（製造番号など）を把握してください。
- 3-6「**漏電火災警報器の工事の方法**」では、漏電火災警報器を設置する際の注意点として、「誘導障害」と「誤報」について解説しています。誘導障害を起こさないための注意事項と誤報となる原因について理解してください。
- 3-7「**漏電火災警報器の整備の方法**」では、「設置工事完了後に行う試験の方法」、「毎年実施する総合点検の方法」について学んでいきます。設置工事完了後の試験方法と総合点検の方法は、共通する判定基準がほとんどですが、漏洩電流検出試験の用語と電流値の範囲の違いに注意してください。

# 漏電火災警報器の構成

漏電火災警報器は**電圧 600 V 以下の警戒電路** 重要！（漏電を検出しようとする電線）の漏洩電流を検出し、防火対象物の関係者に警報により報知する設備であり、**変流器及び受信機（音響装置を含む）で構成されています**（図1）。

受信機の内部に音響装置が内蔵されているものは、設けない場合がある。

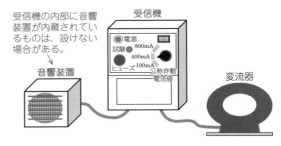

● 図1　漏電火災警報器の構成 ●

## (1) 変流器の分類 重要！

変流器とは、警戒電路の漏洩電流を検出するためのセンサーです。中央の穴に警戒電路の電線を通すための貫通孔があり、**屋内型**と**屋外型**（防水性能を有している）に分類されています。また、構造上から**貫通形**と**分割形**の2種類があり、その設置方法が異なります（図2参照）。

① **貫通形**：警戒電路の配線を変流器の貫通孔に通して用いるもの。

② **分割形**：変流器を二つに分割でき、警戒電路の配線を分割した変流器に通した後、変流器をもとの状態に戻して用いるもの。

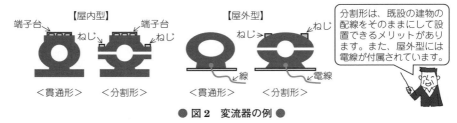

分割形は、既設の建物の配線をそのままにして設置できるメリットがあります。また、屋外型には電線が付属されています。

● 図2　変流器の例 ●

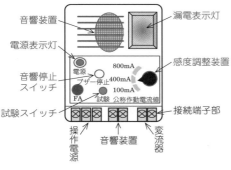

● 図3　受信機の構成例 ●

● 図4　受信機（1回線）の例 ●

## （2）受信機

受信機とは、変流器が検出した漏洩電流を防火対象物の関係者に報知するものです（図3及び図4）。

また、2以上の変流器と組み合わせて使用する受信機でひと組の電源装置、音響装置などで構成された集合型受信機（図5）もあります。

● 図5　受信機（集合型10回線）の例 ●

### ✎ よく出る問題 ✐

**問 1** ────────────────── [ 難易度 ☺ ☺ ☺ ]

次のものは、漏電火災警報器が取り付けられる電路における電圧範囲に関する記述であるが、正しいものはどれか。

(1) 600 V以下の電路
(2) 300 V以下の電路
(3) 150 V以下の電路
(4) 100 V以下の電路

**解説**　漏電火災警報器は、電圧600 V以下の警戒電路（漏電を検出しようとする電線）の漏洩電流を検出し、防火対象物の関係者に警報により報知する設備です。

**問 2** ────────────────── [ 難易度 ☺ ☺ ☺ ]

次のものは、漏電火災警報器の変流器に関する記述であるが、誤っているものはどれか。

(1) 変流器には、構造上の種類として、貫通形と分割形がある。
(2) 変流器の貫通形は、既存の警戒電路の配線をそのままにして変流器を設置できるように、変流器を二つに分け、既存の配線を挟んで貫通孔に通してから変流器の上下を締め付けられるような構造である。
(3) 変流器の貫通孔には、警戒電路の配線が単相2線式の場合は2本、三相又は単相3線式の場合は3本の線を通す必要がある。
(4) 変流器には、屋内型と屋外型がある。

**解説**　変流器には、中央の穴に警戒電路の電線を通すための貫通孔があり、屋内型と屋外型（防水性能を有している）に分類されています。また、構造上から貫通形と分割形の2種類がありその設置方法が異なります。そのうち分割形には、変流器を二つに分割できるため、分割した変流器に既存の配線を通した後、変流器をもとの状態に戻して用いることができる利点があります。

**解答**　問1 −（1）　　　問2 −（2）

## レッスン 3-2 漏電火災警報器の作動原理

重要度 //// 

### (1) 変流器の作動原理

**① 漏電が生じていないとき**

図1のように漏電が発生していない正常電路における往路の電流$I_1$と復路の電流$I_2$は、方向の異なる等しい値であり、このため各々の電流によって生じる磁束も、方向の異なる等しい値となって相互に打ち消し合うように作用します。

**② 漏電が生じたとき**

漏電が生じ、大地を介して地絡点より**B種接地線**に向けて**漏洩電流**$I_g$が流れると、復路の電流$I_2$は往路電流$I_1$より$I_g$だけ減少し、磁束の打消作用が崩れて磁束$\Phi_g$が変流器に生じることとなります。

漏電とは、一般に電路の配線や機器の絶縁効果が失われて、大地を帰路とする循環電流（漏電電流）を生じる現象です。

例えば、常時1Aを必要とする負荷がある場合に、ラス入りモルタル壁の貫通部分g点で漏電し、0.4Aの漏洩電流が発生したとすると、この漏洩電流は大地を通ってB種接地線に還流します。このとき、負荷電流線においては、往路はg点より電源側では1.4A流れますが、g点の負荷側及び帰路では漏洩電流0.4Aを差し引いた残りの1Aが流れます。したがって、変流器の一次側としては往復の差 $1.4-1=0.4$A が入力信号となり、これによる磁束により変流器の二次巻線に誘起電圧が発生します。

### (2) 漏洩電流の検出方式

**① 回路方式**

図1のように負荷回路の電線に変流器（**警戒電路の定格電流以上の電流値の変流器**）を設置する方式です。

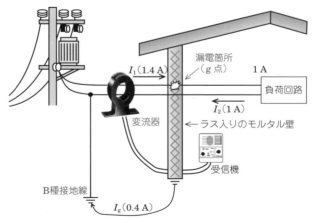

● 図1 ラス（鉄網）入りのモルタル壁の漏電検出原理 ●

② 接地線方式

図2のように漏洩電流が単独で存在するB種接地線に変流器（接地線に流れることが予想される電流値以上の電流値の変流器）を設置する方式です。

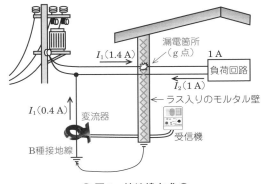

● 図2　接地線方式 ●

## よく出る問題

**問 1**　[ 難易度 ☺ ☺ ☹ ]

次のものは、漏電火災警報器の漏洩検出原理に関する記述であるが、括弧内にあてはまる語句の組合せとして正しいものはどれか。

　「負荷電流線において、漏電が起こることにより地絡点から流れる電流で負荷回路に電流の差ができる。この電流が（ア）をつくり、変流器の二次巻線に誘起電圧を発生させる。負荷回路の電線に変流器を設置する方法を（イ）方式といい、変圧器の（ウ）線に設置する方式を接地線方式という。」

(1)　ア：電場　イ：磁束　ウ：D種接地線
(2)　ア：磁極　イ：変流　ウ：C種接地線
(3)　ア：磁束　イ：回路　ウ：B種接地線
(4)　ア：電界　イ：負荷　ウ：B種接地線

**問 2**　[ 難易度 ☺ ☺ ☹ ]

次のものは、漏電火災警報器の変流器の設置に関する記述であるが、誤っているものはどれか。

(1)　変流器をB種接地線に設ける場合には、当該接地線に流れることが予想される電流以下の電流値を有するものを設ける。
(2)　変流器を電路に設ける場合には、警戒電路の定格電流以上の電流値を有するものを設ける。
(3)　回路方式とは、変流器を負荷回路の電線に設ける方式である。
(4)　接地線方式とは、変流器をB種接地線に設ける方式である。

 **解説**　B種接地線に設けるB種接地線方式の変流器は、当該接地線に流れることが予想される電流以上の電流値を有するものを設けることとされています。

**解答**　問1 – (3)　　問2 – (1)

# 漏電火災警報器の構造・機能①

重要度 🖊🖊🖊

漏電火災警報器の構造・機能は、規格省令で主に次のように定められています。

## (1) 一般構造

① その各部分が**良質**の材料で造られ、配線及び取付けが適正かつ確実になされたものでなければならない。

② **耐久性**を有するものでなければならない。

③ 充電部で、外部から容易に人が触れるおそれのある部分は、**十分に保護**されていなければならない。

④ **端子以外**の部分は、堅ろうなケースに収めなければならない。

⑤ 端子（接地端子及び配電盤等に取り付ける埋込用の端子を除く）には、**適当なカバー**を設けなければならない。

⑥ 定格電圧が**60 V** を超える変流器又は受信機の金属ケース（金属でない絶縁性のあるケースの外部に金属製の化粧銘板等の部品を取り付け、当該部品と充電部（電圧が**60 V** を超えるものに限る）との絶縁距離が、空間距離で**4 mm** 未満、沿面距離で**6 mm** 未満であるものを含む）には、**接地端子**を設けなければならない。

## (2) 音響装置

① 定格電圧の**90％**の電圧で音響を発すること。

② 定格電圧における音圧は、無響室で定位置（音響装置を受信機内に取り付けるものにあってはその状態における位置）に取り付けられた音響装置の**中心**から**1 m** 離れた点で**70 dB** 以上であること。

③ 警報音を断続するものにあっては、休止時間は**2 秒以下**で、鳴動時間は休止時間以上であること。

④ 充電部と非充電部との間の絶縁抵抗は、**直流500 V** の絶縁抵抗計で測定した値が**5 MΩ** 以上であること。

⑤ 定格電圧で**8 時間**連続して鳴動させた場合、①〜④の機能を有し、かつ、構造に異常を生じないものであること。

## (3) 表示灯

周囲の明るさが**300 ルクス**の状態において、前方**3 m** 離れた地点で点灯していることを明確に識別することができるものであること（図1 参照）。

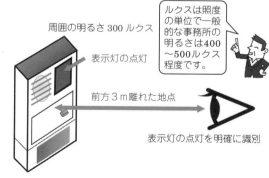

ルクスは照度の単位で一般的な事務所の明るさは400〜500ルクス程度です。

周囲の明るさ 300 ルクス

表示灯の点灯

前方3 m 離れた地点

表示灯の点灯を明確に識別

● 図1　表示灯の識別試験 ●

## よく出る問題

**問 1** ──────────────── [ 難易度 ☺ ☺ ☹ ]

漏電火災警報器の一般構造について、規格省令上、誤っているものは次のうちどれか。

(1)　その各部分が良質の材料で造られ、配線及び取付けが適正かつ確実であること。

(2)　耐久性を有すること。

(3)　充電部で、外部から容易に人が触れるおそれのある部分は、十分に保護されていること。

(4)　端子は、堅ろうなケースに収めること。

**解説**　漏電火災警報器の一般構造は、規格省令第4条で定められています。端子については、「端子以外の部分は、堅ろうなケースに収めなければならない」と定められています。

**問 2** ──────────────── [ 難易度 ☺ ☺ ☹ ]

漏電火災警報器の音響装置について、規格省令上、誤っているものは次のうちどれか。

(1)　定格電圧の90%の電圧で音響を発すること。

(2)　定格電圧における音圧は、音響装置の中心から1m離れた点で70dB以上であること。

(3)　警報音を断続するものにあっては、休止時間は2秒以下で、鳴動時間は休止時間未満であること。

(4)　充電部と非充電部との間の絶縁抵抗は、直流500Vの絶縁抵抗計で測定した値が5MΩ以上であること。

**解説**　音響装置が発する「警報音」については、規格省令で、警報音を断続するものにあっては、休止時間は2秒以下で、鳴動時間は休止時間以上であることと定められています

**解答** 問1-(4)　　問2-(3)

# レッスン ③-4 漏電火災警報器の構造・機能②

漏電火災警報器の変流器の機能・表示について、規格省令で主に次のように定められています。

① 漏洩電流に対する出力電圧（機能試験）

試験電流（漏洩電流のこと）を **0 ～ 1000 mA** までの範囲において流した場合、その出力電圧は比例し、設計出力電圧値の **75 ～ 125 %** であること。

② **耐久性**を有するものでなければならない。

③ 誤報防止（電路開閉試験）

変流器は、出力端子に負荷抵抗を接続し、警戒電路に当該変流器の定格電流の **150 %** の電流を流した状態で警戒電路の開閉を **1 分間**に **5 回**繰り返す操作を行った場合、その出力電圧値は、接続される受信機の公称作動電流値に対応する設計出力電圧値の **52 %** 以下であること。

④ 温度耐性（周囲温度試験）

屋内型：**– 10 ～ 60℃**、屋外型 **– 20 ～ 60℃** の周囲温度に **12 時間**以上放置した場合、異常を生じないこと。

⑤ 過漏電耐性（過漏電試験）

変流器の定格電圧値の **20 %** の数値を電流値とする漏洩電流を **5 分間**流した場合 (※)、異常を生じないこと。

※ 過漏電試験を実施するときに流す電流値は、定格電圧 **600 V** の変流器の場合は、**600 V × 20 % = 120 V** となるので、数値（120）を電流値とする漏洩電流 **= 120 A** になります。つまり、定格電圧 **600 V** の変流器の場合は **120 A** の電流を **5 分間**流します。

⑥ 劣化耐性（老化試験）

**65℃**の空気中に **30 日間**放置した場合、異常を生じないこと。

⑦ 防水性能（防水試験）

**65℃**の清水に **15 分間**、**0℃**の塩水に **15 分間**それぞれ **2 回**ずつ浸した場合、異常を生じないこと。

⑧ 絶縁性能（絶縁抵抗試験）

変流器は、一次巻線と二次巻線との間及び一次巻線又は二次巻線と外部金属部との間の絶縁抵抗を直流 **500 V** の絶縁抵抗計で測定した値が **5 MΩ** 以上であること。

⑨ 表示事項

変流器には、図1の表示事項を見やすい箇所に容易に消えないように表示すること。

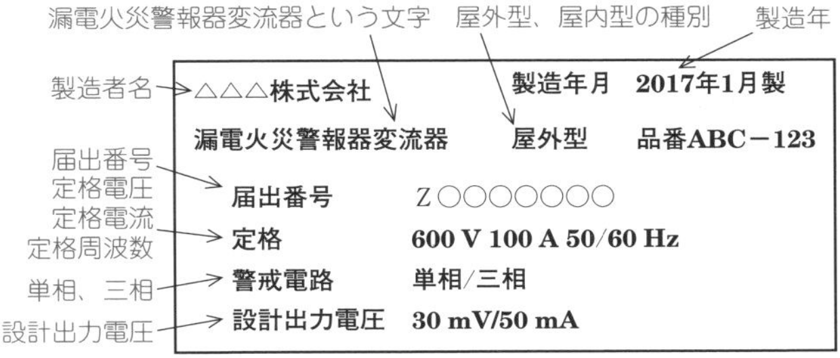

漏電火災警報器変流器という文字　屋外型、屋内型の種別　　製造年

製造者名→　△△△株式会社　　　　　製造年月　2017年1月製

漏電火災警報器変流器　　　屋外型　品番ABC－123

届出番号
定格電圧
定格電流
定格周波数
単相、三相
設計出力電圧

届出番号　　　　Z○○○○○○○
定格　　　　　　**600 V 100 A 50/60 Hz**
警戒電路　　　　単相/三相
設計出力電圧　　**30 mV/50 mA**

● 図1　変流器の表示（例）●

## ✎ よく出る問題 ✐

### 問 1 ──────────────── [ 難易度 ☺ ☺ ☹ ]

漏電火災警報器の変流器の二次側巻線と外部金属部との間の絶縁抵抗を直流 500 V の絶縁抵抗計で測った場合、規格省令上、何 MΩ 以上でなければならないとされているか、正しいものは次のうちどれか。

(1)　3 MΩ

(2)　5 MΩ

(3)　10 MΩ

(4)　100 MΩ

**解説**　変流器の絶縁抵抗として計測する箇所は、①一次巻線側と二次巻線との間、②一次巻線と外部金属部との間、③二次巻線と外部金属部との間とされています。

また、測定方法は直流 500 V の絶縁抵抗計で測定し、5 MΩ 以上あることとされています。

### 問 2 ──────────────── [ 難易度 ☺ ☺ ☹ ]

変流器の老化試験について、規格省令上、空欄にあてはまる数値として正しいものは次のうちどれか答えなさい。

変流器は、　ア　℃の温度の空気中に　イ　日間放置した場合、構造又は機能に異常を生じないものでなければならない。

(1)　ア：60　イ：10

(2)　ア：65　イ：10

(3)　ア：60　イ：30

(4)　ア：65　イ：30

**解答**　問1－(2)　　問2－(4)

# 漏電火災警報器の構造・機能③

漏電火災警報器の受信機の機能・表示について、規格省令で主に次のように定められています。

## (1) 受信機の機能

① 受信機は、信号入力回路に公称作動電流値に対応する変流器の設計出力電圧の **52％**の電圧を加えた場合、**30秒**以内で作動せず、かつ、公称作動電流値に対応する変流器の設計出力電圧の **75％**の電圧を加えた場合、**1秒**以内に作動すること。

② 感度調整装置の最小値（公称作動電流値）は、**200 mA**以下とし、最大値は**1 A**以下であること。

③ 受信機には、公称作動電流値に対応する変流器の設計出力電圧の **2.5倍**以下の電圧をその入力端子に加えることができる試験装置及び変流器に至る外部配線の断線の有無を試験できる試験装置を設けること。

　a) 試験装置は、受信機の前面において手動により容易に試験できること。

　b) 試験後定位置に復する操作を忘れないように適当な方法が講じられていること。

　c) 集合型受信機は、回線ごとに試験できること。

④ 電圧変動耐性（電源電圧変動試験）

定格電圧の **90～110％**の範囲で異常を生じないこと。

⑤ 温度特性（周囲温度試験）

**－10～40℃**の周囲温度に **12時間**以上放置した場合異常を生じないこと。

## (2) 表示事項

受信機には、図1の表示事項を見やすい箇所に容易に消えないように表示しなければならない。

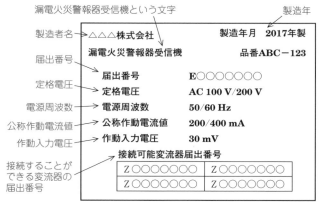

● 図1　受信機の表示（例）●

# ✎ よく出る問題 ✏

## 問 1 ──────────────────── 【 難易度 😐 😑 😣 】

漏電火災警報器の受信機における感度調整装置の調整範囲について、規格省令上、誤って
いるものは次のうちどれか。

- (1)　100 ～ 800 mA
- (2)　200 ～ 1000 mA
- (3)　400 ～ 800 mA
- (4)　200 ～ 900 mA

**解説**　　感度調整装置は、規格省令第7条及び第8条において、それぞれ「公称作動電流値は、
200 mA 以下でなければならない」、「調整範囲の最大値は、1A 以下でなければならない」
と定められています。

## 問 2 ──────────────────── 【 難易度 😐 😑 😣 】

受信機に設ける試験装置について、規格省令上、正しいものは次のうちどれか。

- (1)　試験後、試験用スイッチ等は定位置に自動的に復するものであること。
- (2)　試験装置は、受信機の前面において手動により容易に試験できること。
- (3)　受信機には、公称作動電流値に対応する変流器の設計出力電圧の2倍の電圧をその
  入力端子に加えることができる試験装置を設けること。
- (4)　受信機には、変流器に至る外部配線の短絡の有無を試験することができる試験装置
  を有すること。

**解説**
- (1)　試験用スイッチは、「定位置に復する操作を忘れないように適当な方法が講じられてい
  ること」ですので誤り。
- (3)　2.5 倍以下が正しい。
- (4)　短絡ではなく断線の有無を試験できる試験装置です。誤り。

1 学期 ➡ 筆記試験対策

2 学期 ➡ 実技試験対策

3 学期 ➡ 模擬試験

---

**解答**　問 1 － (3)　　問 2 － (2)

# 漏電火災警報器の工事の方法

重要度 ✏✏✏

　漏電火災警報器が正常に動作するためには、誘導障害や誤報をできるだけ防止する必要があります。ここでは、誘導障害対策と誤報原因について学んでいきます。

## （1）誘導障害対策

　誘導障害とは、送電線に流れる電流の**電磁誘導**や、送電線との**静電誘導**により、ほかの送電線や通信回線に電流が流れて人に危害を与えたり、通信障害を引き起こしたりする現象です。漏電火災警報器においては、誘導障害が生じると誤報の原因となりますので、工事（設置）の際は、次ページのような誘導障害対策を講じる必要があります。

---

### 解答のテクニック！

　誤作動や不作動の原因となる変流器や接地線の誤った設置方法としては、次のような場合があります。

（1）　変流器の貫通孔に警戒電路のすべての電線（単相2線式は2本、単相又は三相は3本）を貫通させていない場合（図1参照）
　　　→　変流器に中性線の負荷電流しか流れていないので磁束が打ち消し合わないため、誤作動が生じる。

（2）　変流器を挟んで接地点（接地線）を設けている場合
　　　→　中性線の負荷電流が ab 間に電流が分流するため、誤作動が生じる（図2参照）。

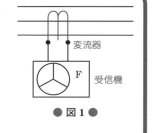

● 図1 ●

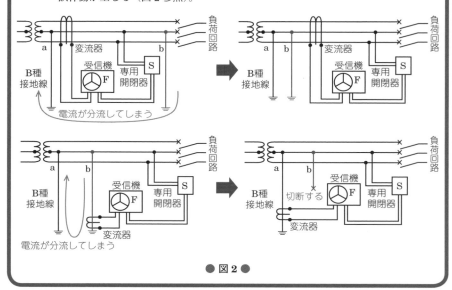

● 図2 ●

① 変流器の二次側配線に、**金属遮へい（シールド）電線**を使用して、シールド部分を接地して静電誘導を防止する。

② 変流器の二次側配線に、**鉄鋼、鋼製パイプ**などを使用する。

③ **誘導防止用コンデンサ**を受信機の変流器接続端子及び操作電源端子に入れる。

④ 変流器の二次側配線にシールドケーブルなどを使用する又は二次側配線相互間を**密着**し、かつ、**配線こう長**をできるだけ短くする。

⑤ **大電流回路**からできるだけ距離を離す。

**(2) 誤報の原因**

漏電火災警報器を設置する際に、設定や設置方法が適切でないと、火災の原因となる漏電が発生していないにもかかわらず、警報を発してしまう（誤報）など、漏電火災警報器の本来の機能が発揮できません。

漏電火災警報器の誤報の原因として考えられるものには、主に次のようなものがあります。

① **検出漏洩電流の設定値**（受信機の感度調整装置）**が不適当**

　　※ 感度調整装置による検出漏洩電流設定値を小さくし過ぎると、感度が敏感になり、火災の原因となる漏洩電流ではない場合でも警報を発してしまいます。

② **警戒電路の絶縁状態が悪い**

③ **誘導障害**

④ **結線方法が誤っている**

1
学期
↓
筆記試験対策

2
学期
↓
実技試験対策

3
学期
↓
模擬試験

## ✎ よく出る問題 ✐

**問 1** ───────────── [ 難易度 ☺ ☺ ☺ ] ─

漏電火災警報器が誤報を発する主な原因として、正しいものは次のうちどれか。

(1) 変流器の二次側配線が地絡している場合

(2) 変流器の二次側配線の絶縁状態が悪い場合

(3) 警戒電路の電線相互間の絶縁状態が悪い場合

(4) 三相200Vの警戒電路の不平衡負荷が増大している場合

**解説**
　(1) の場合は、受信機に信号を発信することができない状態ですので、不作動の原因になります。誤り。

　(2) の場合は、短絡しており、(1) と同様に受信機に信号を発信できません。誤り。

　(4) の場合は、三相負荷が不平衡でも誤報の原因とはなりません。誤り。

**解答** 問 1 − (3)

# レッスン 3-7 漏電火災警報器の整備の方法

重要度 ◢◢◢

漏電火災警報器を防火対象物に設置後の試験の方法（設置工事が完了した場合における試験）や毎年実施する総合点検の方法は、次のように定められています。

**(1) 設置工事完了後に行う試験の方法（機能試験）**

① 作動試験・音響装置試験

試験装置（テストボタンなど）を操作し、図1のように赤色の表示灯の点灯及び音響装置が鳴動（音響装置の中心から前面1m離れた場所で騒音計で測定した音圧が**70 dB以上**）することを確認します。なお、暗騒音が多く音響装置が鳴動しなくても騒音計の指針が振れている場合は表1を用いて補正を行うこととされています。

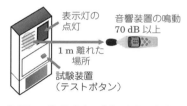

● 図1 作動試験・音響試験の方法 ●

● 表1 暗騒音の影響のある場合の補正 ●

〔単位：dB〕

| 対象の音があるときとないときの指示の差 | 3 | 4 | 5 | 6 | 7 | 8 | 9 | 10以上 |
|---|---|---|---|---|---|---|---|---|
| 補正値 | −3 | −2 | | | −1 | | | 0 |

② 漏洩電流検出試験 [重要!]

図2のように漏洩電流検出器等により変流器の検出漏洩電流設定値に近い電流を徐々に流したとき、漏洩電流検出設定値の**40％以上105％以下**で受信機が作動することを確認します。

**(2) 毎年実施する総合点検の方法** [重要!]

総合点検は、図2の漏電火災警報器試験器（漏洩電流検出器）を用いる方法のほか図3又は図4による方法により、漏洩電流検出試験を行い、次の①～③の機能の確認をします。

① 作動電流値における作動電流を2～3回測定し、正常に作動し、すべての作動電流値が**公称作動電流値**（作動電流設定値）の**40％以上110％以下**の範囲であること。

② 表示灯が点灯すること。

③ 音響装置が**70 dB以上**の音圧で鳴動すること。

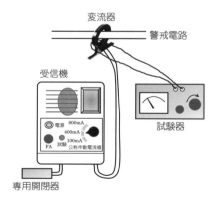

● 図2 漏電火災警報器試験器を用いた試験方法 ●

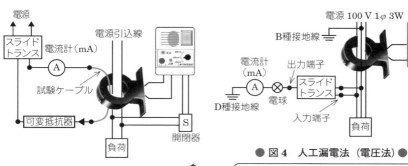

● 図4　人工漏電法（電圧法）●

● 図3　擬似漏電試験方法 ●

違いは以下のとおりです。
擬似漏電試験方法：試験ケーブル、可変抵抗器
人工漏電方法：電球、接地端子

## よく出る問題

### 問 1 ──────────────────── [ 難易度 ☺ ☺ ☺ ]

漏電火災警報器の音響装置の音圧測定について、正しいものは次のうちどれか。

(1) 音響装置の音圧は、80 dB 以上あること。

(2) 音響装置の音圧測定は、騒音計の B 特性を用いて確認する。

(3) 音響装置の音圧測定は、音響装置の取り付けられた位置の中心から前面 3 m 離れた位置において騒音計を用いて測定する。

(4) 暗騒音の影響がある場合は、測定した音圧について補正を行うこと。

**解説**　音圧測定は、音響装置の中心から前面 1 m 離れた場所において、騒音計（A 特性）で測定した音圧が 70 dB 以上あることを確認します。暗騒音の影響がある場合（音響装置が鳴動しているときとしていないときの音圧の差が 3 〜 9 dB の場合は補正を行います。

### 問 2 ──────────────────── [ 難易度 ☺ ☺ ☺ ]

漏電火災警報器の漏洩電流検出試験の方法として、正しいものは次のうちどれか。

(1) 受信機の試験ボタンで確認する。

(2) 変流器に漏洩電流を流して受信機が作動することを確認する。

(3) 変流器の定格電圧の数値の 20 ％の数値を電流値とする電流を 5 分間流す。

(4) 負荷電流を変流器に流して音響装置が鳴動することを確認する。

**解説**　漏洩電流検出試験は、漏電火災警報器試験器（漏洩電流検出器）を用いる方法のほか、各種の測定器具を現場で組み合わせて回路を構成する方法や、人工的に漏電現象を起こして測定する方法があります。いずれにしても、変流器に漏洩電流を流して受信機が作動することを確認します。

**解答** 問 1 −（4）　　問 2 −（2）

## レッスン 3 の重要事項のまとめ

① **漏電火災警報器の構成**：電圧 600 V 以下の警戒電路の漏洩電流を検出し、防火対象物の関係者に警報により報知する設備であり、変流器（屋内型又は屋外型、貫通形又は分割形がある）及び受信機（音響装置を含む）で構成。

② **漏洩電流の検出方式**：変流器の設置場所により回路方式と接地方式がある。

③ **音響装置**

   a) 定格電圧における音圧は、無響室で定位置に取り付けられた音響装置の中心から 1 m 離れた点で 70 dB 以上であること。

   b) 定格電圧で 8 時間連続して鳴動させた場合、機能・構造に異常を生じないものであること。

④ **変流器の機能**

   a) 漏洩電流に対する出力電圧：設計出力電圧値の 75 〜 125 ％であること。接続される受信機の公称作動電流値の 42 ％の試験電流を流した場合の出力電圧値は、当該公称作動電流値に対応する設計出力電圧値の 52 ％以下であること。

   b) 温度耐性（周囲温度試験）：屋内型：− 10 〜 60℃、屋外型：− 20 〜 60℃

   c) 過漏電耐性（過漏電試験）：変流器の定格電圧値の 20 ％の数値の電流を 5 分間流した場合、異常を生じないこと。

   d) 劣化耐性（老化試験）：65℃の空気中に 30 日間放置した場合、異常を生じないこと。

   e) 防水性能（防水試験）：65℃の清水に 15 分間、0℃の塩水に 15 分間それぞれ 2 回ずつ浸した場合、異常を生じないこと。

⑤ **受信機の機能**

   a) 感度調整装置（公称作動電流値）の範囲：最小値は 200 mA 以下とし、最大値は 1 A 以下であること。

   b) 試験装置を備えること。

   c) 電圧変動耐性（電源電圧変動試験）：定格電圧の 90 〜 110 ％の範囲。

   d) 温度特性（周囲温度試験）：− 10 〜 40℃の周囲温度に 12 時間以上放置。

⑥ **整備の方法**

   a) 設置工事完了後の試験方法：検出漏洩電流設定値の範囲 40 ％以上 105 ％以下。

   b) 総合点検の方法：公称作動電流値の範囲 40 ％以上 110 ％以下。

## レッスン 4  電気に関する基礎知識

　電気に関する基礎知識は、出題範囲が広いですが、いずれも高校卒業程度の内容で、難しい計算式を用いる問題等はありませんので、例題等を通じて理解を深めてください。

● 4 - 1「**電気理論 1：電気回路**」及び 4 - 2「**電気理論 2：オームの法則**」では、オームの法則を用いて、電圧、電流、抵抗を求める問題があります。

● 4 - 3「**電気理論 3：合成抵抗**」及び 4 - 4「**電気理論 4：コンデンサと合成静電容量**」では、直列回路と並列回路による合成抵抗と合成静電容量の計算方法が異なる点に注意してください。

● 4 - 5「**電気理論 5：電力とジュールの法則**」では、電力、電力量及び発熱量を求める問題が出題されます。公式を用いて計算する際、回答に合わせて単位の変換が必要になりますので注意してください。

● 4 - 6「**電気理論 6：電気と磁界**」では電気と磁界の関係について「フレミングの左手の法則」を用いて解説しています。

● 4 - 7「**電気理論 7：交流回路①**」及び 4 - 8「**電気理論 8：交流回路②**」では、電圧の「実効値」と「最大値」の関係式や「電圧と電流の位相のずれ（誘導リアクタンス）」について理解してください。

● 4 - 9「**電気理論 9：交流回路③**」では、インピーダンスを求める問題や有効電力と力率の関係式を使った計算問題が出題されます。

● 4 - 10「**電気機器 1：変圧器**」では、一次側と二次側のコイルの巻数に応じた電圧と電流の関係について計算や考え方を問う問題が出題されます。

● 4 - 11「**電気機器 2：蓄電池**」では、蓄電池の種類ごとに、電極の材料や電解液を問う問題が出題されます。

● 4 - 12「**電気計測 1：電流・電圧の測定**」では、分流器及び倍率器の接続方法について出題されます。また、ホイートストンブリッジ回路の平衡条件を前提とした計算問題が出題されますので、公式を暗記してください。

● 4 - 13「**電気計測 2：測定器の動作原理と測定誤差**」では、指示電気計器の種類と使用回路の関係を問う問題が出題されます。

● 4 - 14「**電気計測 3：電気材料**」では、電気を通しやすい導体の順番（伝導率又は抵抗率の大小）について問う問題が出題されます。

# 電気理論1：電気回路

重要度 🖊🖊🖊

## (1) 電気回路

電気回路とは、図1をイメージしてください。電池などの電源のプラスから出発し、電球を通って、電源のマイナスに戻ってくるようなものです。このとき、電気が電池のプラスからマイナスへ必ず戻ってこられるように電線が切れていない必要があります。なお、電球のように電源から電気をもらって仕事をするものを、**負荷**といいます。

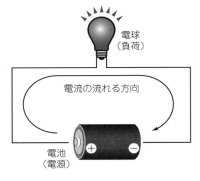

● 図1　電気回路 ●

## (2) 電　流

電流とは、電気の流れをいいます。図1で紹介したように、電気は、電源のプラスから出発しマイナスに戻ります。つまり、電流は、電源のプラスからマイナスに流れます。電流は、一般的に略号「$I$」、単位は〔A〕（アンペアと読みます）で表します。

## (3) 電　圧

電圧とは、電気の圧力すなわち電流を流す力のことをいいます。例えば、図2をイメージしてください。水が入った注射器を押す力が電圧で、その押す力によって流れる水の量が電流ということになります。電圧は、一般的に略号「$E$」、単位は〔V〕（ボルトと読みます）で表します。

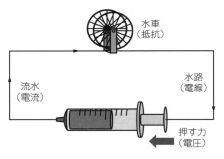

● 図2　電流・電圧・抵抗の関係 ●

## (4) 抵　抗

抵抗とは、電流を流さないようにジャマ（抵抗）するものをいいます。例えば、図2の水車をイメージしてください。水車は、水が流れるのをジャマしています。つまり電流の流れにくさを表しています。抵抗は、一般的に略号「$R$」、単位は〔Ω〕（オームと読みます）で表します。

電流を流すためには電圧が必要であり、その電流は抵抗によって制限されます。

📖 **マメ知識** ➡➡➡ **使用する単位に 10 の累乗倍の数を表す「接頭語」を付ける**

　大きな量や小さな量を表す場合は、使用する単位に 10 の累乗倍の数を表す「接頭語」という補助単位を付けて表示します。例えば、「家から 1000 m（メートル）離れた店に行く」と、「家から 1 km（キロメートル）離れた店に行く」は同じ距離を示しています。1 km＝1 m×$10^3$＝1000 m ということです。これらの単位の換算は、公式を使ってある値を求める際に必要になってくるので覚えておきましょう。

　主な接頭語については、表 1 のとおりです。

● 表 1　主な接頭語 ●

| 名称 | | 係数 | 名称 | | 係数 |
|---|---|---|---|---|---|
| テラ | T | $10^{12}$ | デシ | d | $10^{-1}$ |
| ギガ | G | $10^{9}$ | センチ | c | $10^{-2}$ |
| メガ | M | $10^{6}$ | ミリ | m | $10^{-3}$ |
| キロ | k | $10^{3}$ | マイクロ | μ | $10^{-6}$ |
| ヘクト | h | $10^{2}$ | ナノ | n | $10^{-9}$ |
| デカ | da | $10^{1}$ | ピコ | p | $10^{-12}$ |

## ✏ よく出る問題 ✏

**問 1** ──────────────── [ 難易度 😊 😐 😖 ]

電気に関する記述について、誤っているものは次のうちどれか。

(1)　電流とは、電気の流れをいい、単位はヘルツ〔Hz〕で表す。

(2)　電圧とは、電流を流す力のことをいい、単位はボルト〔V〕で表す。

(3)　抵抗とは、電流の流れにくさのことをいい、単位はオーム〔Ω〕で表す。

(4)　電気回路とは、抵抗器（抵抗）などの電気的素子が電気伝導体でつながった電流の回路である。

**解説**　(1) 電流の単位は、アンペア〔A〕です。

**解答** 問 1 －(1)

# 電気理論２：オームの法則

電気回路の計算には、さまざまな法則があります。ここでは、「電流$I$」、「電圧$V$」、「抵抗$R$」に関するオームの法則について学んでいきます。

## （1）オームの法則

オームの法則は、1826年にドイツの物理学者のオームが公表した法則です。

その法則とは、「**電気回路の電流は、電圧に比例して流れる**」ということです。比例とは、電圧$V$が大きくなると、電流$I$も大きくなることを意味しています。また、電気回路の抵抗$R$にも関係して、次の式のように電流が流れます。

$$I = \frac{V}{R}$$ **重要！**

つまり、抵抗$R$が大きくなると、電流$I$は小さくなります。水車（抵抗）の力が強くなると水（電流）は流れにくくなる（電流が小さくなる）ということです。

## （2）電気の単位

電気に関する主な単位を、表２にまとめます。電気に関する基礎知識として使用しますので、覚えておきましょう。

● 表２　電気回路に用いられる略号と単位 ●

| 種類 | 略号 | 単位 | 読み方 |
|---|---|---|---|
| 電流 | $I$ | A | アンペア |
| 電圧 | $E$ | V | ボルト |
| 抵抗 | $R$ | Ω | オーム |
| 誘導リアクタンス | $X_L$ | Ω | オーム |
| 容量リアクタンス | $X_C$ | Ω | オーム |
| インダクタンス | $L$ | H | ヘンリー |
| 静電容量 | $C$ | F | ファラド |
| 周波数 | $f$ | Hz | ヘルツ |
| 電力 | $P$ | W | ワット |
| 電力量 | $Pt$ | W·h | ワットアワー |
| 発熱量 | $Q$ | J | ジュール |

## よく出る問題

### 問 1 ──────────── [ 難易度 ☺ ☺ ☹ ]

オームの法則について、誤っているものは次のうちどれか。

(1)　電流は、抵抗に比例する。

(2)　電圧は、電流に比例する。

(3)　抵抗は、電流に反比例する。

(4)　電圧は、抵抗に比例する。

**解説**

オームの法則は

$$電流 = \frac{電圧}{抵抗}$$

$$電圧 = 抵抗 \times 電流$$

$$抵抗 = \frac{電圧}{電流}$$

になります。したがって、電流は、電圧に比例し、抵抗に反比例します。電圧は、抵抗に比例し、電流に比例します。また、抵抗は、電圧に比例し、電流に反比例します。

(1) の「抵抗に比例する」が誤りです。

### 問 2 ────────────── [ 難易度 ☺ ☺ ☹ ]

電気に関する単位について、誤っているものは次のうちどれか。

(1)　電力：ワット〔W〕

(2)　周波数：ヘルツ〔Hz〕

(3)　発熱量：ジュール〔J〕

(4)　静電容量：クーロン〔C〕

**解説**

(4) の静電容量の単位は、ファラド〔F〕です。

静電容量とは、コンデンサに蓄えられる電気の量のことをいいます。なお、コンデンサとは、電気を蓄えることができる電子部品のことで、電気回路によく使用されます。

複数のコンデンサをまとめて一つのコンデンサと考えたときの静電容量を合成静電容量といい、試験では、合成静電容量の値〔F〕を求める問題が出題されています。

**解答** 問1－(1)　　問2－(4)

# 電気理論3：合成抵抗

電気回路に複数の抵抗があるとき、それらの抵抗をまとめて一つの抵抗とすることで電気回路の電気計算が簡単にできます。この複数の抵抗を一つにまとめたときの抵抗を**合成抵抗**といいます。

合成抵抗は、抵抗の接続の方法（直列接続 or 並列接続）によって求め方が異なります。

## (1) 直列接続

図1のような直列接続のときの合成抵抗は、**各抵抗値を足した値**になります。抵抗の数が三つ以上のときも同様に足すことによって求められます。

**直列接続の合成抵抗** $R_0 = R_1 + R_2$

## (2) 並列接続

図2のような並列接続のときの合成抵抗は、**各抵抗値の逆数の和の逆数**になります。抵抗が三つ以上のときも同様に各抵抗値の逆数どうしを足して、その結果をさらに逆数にすることによって求められます。

**並列接続の合成抵抗**

$$\frac{1}{R_0} = \frac{1}{R_1} + \frac{1}{R_2}$$

## (3) 直列接続と並列接続の場合

図3のように直列接続と並列接続のときの合成抵抗 $R_{123}$ は、次の手順で求めます。

① 並列接続された抵抗 $R_2$ と抵抗 $R_3$ の合成抵抗 $R_{23}$ を計算します。

**合成抵抗** $R_{23} = \dfrac{1}{\dfrac{1}{R_2} + \dfrac{1}{R_3}}$

② 抵抗 $R_1$ と合成抵抗 $R_{23}$ を足して合成抵抗 $R_{123}$ を求めます。

**合成抵抗** $R_{123} = R_1 + \dfrac{1}{\dfrac{1}{R_2} + \dfrac{1}{R_3}}$

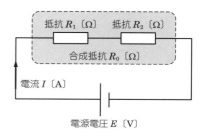

● 図1 直列接続の合成抵抗 ●

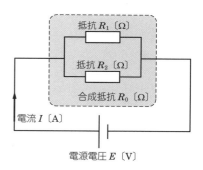

● 図2 並列接続の合成抵抗 ●

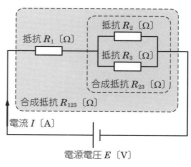

● 図3 直並列接続の合成抵抗 ●

## よく出る問題

### 問 1 　　　　　　　　　　　　　　　　　　[ 難易度 ☺ ☺ ☺ ]

AB 間の電気抵抗値として、正しいものは次のうちどれか。

(1)　15 Ω
(2)　32 Ω
(3)　55 Ω
(4)　64 Ω

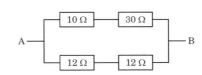

 並列回路の直列回路から先に計算します。

$$10\,\Omega + 30\,\Omega = 40\,\Omega$$
$$12\,\Omega + 12\,\Omega = 24\,\Omega$$

次に 40 Ω と 24 Ω の合成抵抗を計算します。

$$1 \div \left( \frac{1}{40\,\Omega} + \frac{1}{24\,\Omega} \right) = 15\,\Omega$$

### 問 2 　　　　　　　　　　　　　　　　　　[ 難易度 ☺ ☺ ☺ ]

AB 間の電気抵抗値として、正しいものは次のうちどれか。

(1)　7 Ω
(2)　9 Ω
(3)　11 Ω
(4)　13 Ω

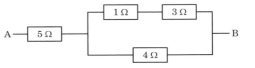

 並列回路の直列回路から先に計算します。

$$1\,\Omega + 3\,\Omega = 4\,\Omega$$

次にこの 4 Ω と並列回路の 4 Ω の合成抵抗を計算します。

$$1\,\Omega \div \left( \frac{1}{4\,\Omega} + \frac{1}{4\,\Omega} \right) = 2\,\Omega$$

最後に 5 Ω と合成抵抗の 2 Ω の直列回路の計算をします。

$$2\,\Omega + 5\,\Omega = 7\,\Omega$$

1 学期 ➡ 筆記試験対策

2 学期 ➡ 実技試験対策

3 学期 ➡ 模擬試験

解答 問 1 -（1）　　問 2 -（1）

# 電気理論4：コンデンサと合成静電容量

レッスン **4**-4

重要度 ////

コンデンサとは、電気を蓄えることができる電子部品のことで、電気回路によく使用されます。そして、コンデンサに蓄えられる電気の量を**静電容量**といいます。また、複数のコンデンサをまとめて一つのコンデンサと考えたときの静電容量を**合成静電容量**といいます。

合成静電容量は、コンデンサの接続の方法（直列接続 or 並列接続）によって求め方が異なります。なお、抵抗の合成抵抗と考え方は似ていますが、計算方法が違います。コンデンサは、一般的に略号「$C$」、単位は〔F〕（ファラドと読みます）で表します。

## (1) 直列接続

直列接続のときの合成静電容量は、**各静電容量の逆数の和の逆数**になります。

コンデンサが三つ以上のときも同様に各静電容量の逆数どうしを足して、その結果をさらに逆数にすることによって求められます（図1参照）。

**直列接続の合成静電容量** $\quad C_0 = \dfrac{1}{\dfrac{1}{C_1} + \dfrac{1}{C_2} + \dfrac{1}{C_3} \cdots + \dfrac{1}{C_n}}$

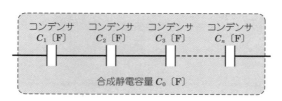

● 図1　直列接続の合成静電容量 ●

## (2) 並列接続

並列接続のときの合成静電容量は、**各静電容量を足した値**になります。コンデンサの数が三つ以上のときも同様に足すことによって求められます（図2参照）。

**並列接続の合成静電容量** $\quad C_0 = C_1 + C_2 + C_3 \cdots + C_n$

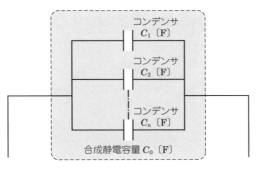

● 図 2　並列接続の合成静電容量 ●

## ✎ よく出る問題 ✐

### 問 1 ─────────── [ 難易度 😊 😐 😣 ]

AB 間の回路で合成静電容量 $C$ の値として、正しいものは次のうちどれか。

(1)　$1\,\mu\mathrm{F}$

(2)　$3\,\mu\mathrm{F}$

(3)　$9\,\mu\mathrm{F}$

(4)　$11\,\mu\mathrm{F}$

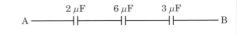

 **解説**　直列接続のときの合成静電容量は、各静電容量の逆数の和の逆数になります。

$$1 \div \left( \frac{1}{2\,\mu\mathrm{F}} + \frac{1}{6\,\mu\mathrm{F}} + \frac{1}{3\,\mu\mathrm{F}} \right) = 1\,\mu\mathrm{F}$$

### 問 2 ─────────── [ 難易度 😊 😐 😣 ]

AB 間の回路の合成静電容量が $2\,\mu\mathrm{F}$ であるとき、$C$ の静電容量の値として正しいものは次のうちどれか。

(1)　$1\,\mu\mathrm{F}$

(2)　$2\,\mu\mathrm{F}$

(3)　$3\,\mu\mathrm{F}$

(4)　$4\,\mu\mathrm{F}$

 **解説**　AB 間の回路の合成静電容量は

$$1 \div \left( \frac{1}{4\,\mu\mathrm{F}} + \frac{1}{3+C\,\mu\mathrm{F}} \right) = 1\,\mu\mathrm{F}$$

で求められます。

**解答** 問 1 － (1)　　問 2 － (1)

# 電気理論5：
# 電力とジュールの法則

重要度 ✏✏✏✏

最近、家電製品でも省エネが定着し、電気製品を購入するときは、カタログや電気屋さんでその商品の消費電力を気にする方も多いと思います。ここでは電力について学んでいきます。

## (1) 電 力

電力とは、単位時間（1秒間）に電流がする仕事（量）のことです。

電圧 $V$ の電源から電流 $I$ が流れているとき、電力は次の式（**電圧と電流の積**）で表せます（オームの法則：$V = IR$）。

**電力** $P = VI = I^2R = \dfrac{V^2}{R}$

（$P$：電力〔W〕、$V$：電圧〔V〕、$I$：電流〔A〕、$R$：抵抗〔Ω〕）

電力は、一般的に略号「$P$」（Power の最初の文字をとって $P$）、単位は〔W〕（ワットと読みます）で表します。

例えば、レッスン4-1と同様に、電流は「流れる水の量」にあたり、電圧は「注射器を押す力」、抵抗は「電流をジャマするもの（水車）」を図1のようにイメージしてください。水車を勢いよく回すには、「流れる水の量」が多いほど、「注射器を押す力」が大きいほどよく回るはずです。そこで、「水車」を回す力は、「流れる水の量」×「注射器を押す力」に比例します。つまり

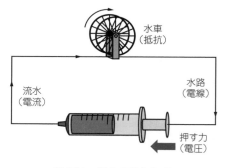

● 図1　電力の考え方 ●

　　　「水車」を回す力（電力）＝「流れる水の量」（電流）×「水の落差」（電圧）
という式になります。

また、電力をどのくらいの時間使用したかを表す**電力量**は、次の式（**電力と使用時間の積**）で表せます。

　　　**電力量** $W = Pt$

　　（$W$：電力量〔W·h 又は W·s〕、$P$：電力〔W〕、$t$：時間〔h 又は s〕）

## (2) ジュールの法則

電力量は、発熱量として単位〔J〕（ジュールと読みます）で表すこともあります。発熱量の考え方は、電力量と同じで、次の式（**発熱量は、電流 $I$ の2乗と抵抗 $R$ と時間 $t$ に比例する：ジュールの法則**）で表せます。

　　　**発熱量** $Q = W = Pt = VIt = I^2Rt$

📖マメ知識 ➡➡➡　豆電球とLED電球の電気料金の比較

　LED電球のほうが、豆電球より電気代が安いという話は聞いたことあるかもしれませんが、実際にどのくらい安いのか比較してみましょう。電気代の計算は次の式で求めます。

　　1時間あたりの電気料金〔円〕＝消費電力〔W〕×電力量料金〔kWh〕

　例えば、1kWhあたりの電力量料金を27円、豆電球の消費電力5W、LED電球の消費電力0.5Wとする（1日8時間点灯し、365日使用した場合）と、次のようになります。

　　豆電球　　：5W×10$^{-3}$×27円/kWh×2920h＝<u>394.2円</u>
　　LED電球：0.5W×10$^{-3}$×27円/kWh×2920h＝<u>39.42円</u>

## ✏️ よく出る問題 ✏️

### 問 ① ──────────────[ 難易度 😊 😐 😣 ]

直流電圧10Vを加えると電流が500mA流れるモータがある。
このモータを1時間回したときの電力量〔kJ〕について、正しいものは次のうちどれか。

(1) 5 kJ

(2) 18 kJ

(3) 30 kJ

(4) 50 kJ

**解説**
　電力量は、電力量〔J〕＝電力〔W〕×時間〔秒〕より求められます。電力は、電力〔W〕＝電圧〔V〕×電流〔A〕より求められます。ただし、それぞれ単位に注意して計算する必要があります。500mA＝0.5A、1時間＝3600秒です。よって

　　10V×0.5A×3600秒＝18000J

となります。回答は〔kJ〕ですので、単位を変換すると

　　18000J＝18×1000＝18×10$^3$＝18kJ

### 問 ② ──────────────[ 難易度 😊 😐 😣 ]

抵抗10Ωの電線に2Aの電流が流れている場合、1時間に何kJの熱量が発生するのか、正しいものは次のうちどれか。

(1) 20 kJ

(2) 144 kJ

(3) 200 kJ

(4) 720 kJ

**解説**
　熱量は、ジュールの法則（$Q = VIt = I^2Rt$）より求めることができます。よって

　　2$^2$A×10Ω×3600秒＝144000＝144×10$^3$＝144kJ

となります。

**解答** 問1 - (2)　　問2 - (2)

# 電気理論6：電気と磁界

重要度 🖊🖊🖊

　図1のように厚紙の上に砂鉄を振りまき、その中央に電線を通し、電流を上から下に向かって流すと、砂鉄が円模様になります。これは電線のまわりに**磁界（磁束）** $B$〔T〕（テスラと読みます）が発生して**磁力線**が出ているからです。ここでは、電気と磁界の関係について学んでいきます。

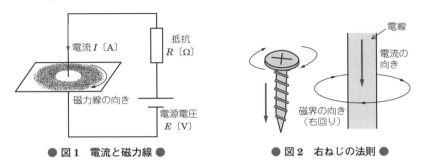

● 図1　電流と磁力線 ●　　　　　● 図2　右ねじの法則 ●

## （1）右ねじの法則

　磁力線は、電線を中心に右回りに円を描きます。これを**右ねじの法則**といいます。図2のようにねじを右に回すとねじは下に進むように、電流が上から下に流れると磁界が**右回り**に発生するという法則です。

## （2）フレミングの左手の法則

　磁界中に働く力の方向を知る方法として**フレミングの左手の法則**があります。例えば、図3のように磁石の間に電線を細い銅線でつるします。電線に電流 $I$〔A〕を流すと、電線に力が働いて電線がある方向に動きます。その力の方向は、図3中の $F$〔N〕（ニュートンと読みます）の矢印の方向に動きます。このように磁界中（磁石のN極か

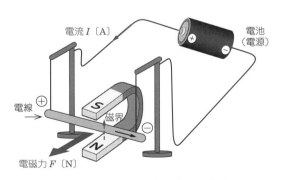

● 図3　磁界中に働く力（電磁力） ●

らS極の方向に磁界が発生）の電線に電流を流すと、電線はある方向へ動きます。この力を**電磁力**といいます。

　フレミングの左手の法則は、図4のように、親指が電磁力の方向、人差し指が磁界の方向、中指が電流の方向になります。

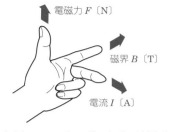

● 図4　フレミングの左手の法則 ●

## よく出る問題

### 問 １ ──────────── [ 難易度 ☺ ☺ ☹ ]

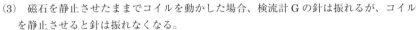

コイルと棒磁石を図のように使用した場合について、誤っているものは次のうちどれか。

(1)　磁石をコイルの中に入れたときと出したときでは、検流計Gの針の振れは逆になる。

(2)　磁石を動かしてコイルの中に出入れした場合、検流計Gの針は振れるが、磁石を静止させると針は振れなくなる。

(3)　磁石を静止させたままでコイルを動かした場合、検流計Gの針は振れるが、コイルを静止させると針は振れなくなる。

(4)　磁石を動かして、コイルの中に出入れするとき、磁石を動かす速度を変えても、検流計Gの針の振れの大きさは変わらない。

 **解説**

(1) 磁石をコイルの中に入れたときと出したときでは、磁束の増加する方向が逆になるため、誘導される起電力の方向も逆になります。つまり、検流計Gの針の振れも逆になるので正しい。

(2) 及び (3) 「磁石をコイルの中に出入れする」と「磁石を静止させたままコイルを動かす」では、磁束が変化し誘導起電力を発生させるという結果は同じです。動きを静止させると磁束は変化しないので誘導起電力は発生せず、検流計Gの針は振れません。正しい。

(4) 誘導起電力の大きさは磁束の変化する速さに比例します。したがって、速く動かせば検流計Gの針の振れは大きくなります。よって誤り。

### 問 ２ ──────────── [ 難易度 ☺ ☺ ☹ ]

フレミングの左手の法則について、空欄にあてはまる語句として正しいものは次のうちどれか。

「左手の親指、人差し指、中指を互いに直角に曲げ、中指を電流の方向、人差し指を磁界の方向に向けると、親指は□□□の方向を示す」

(1)　電力　　(2)　電磁力　　(3)　誘起電力　　(4)　静電力

**解答** 問１−(4)　　問２−(2)

レッスン
**4-7　電気理論7：交流回路①**

重要度 ///

　私たちが使用している電気には、直流（DC：Direct Current）と交流（AC：Alternating Current）があります。家のコンセントの電源（100 V）は 50 Hz 又は 60 Hz の交流電源になります。一方、乾電池や AC アダプターから得られる電源は直流電源になります。ここでは、交流について学んでいきます。

**（1）周期と周波数**

　直流は、常に一定の電流・電圧を維持しており、乾電池や蓄電池は使用するほど消耗し電圧が低下していきますが、プラス方向の電圧であることは変化しません。一方、交流は、図1のように一定の間隔で電流・電圧のプラスとマイナスが変化する電源となっています。

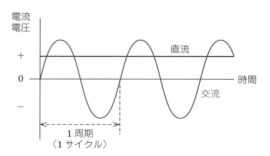

● 図1　直流と交流の波形 ●

　交流は、図1のように、一定の波形となり、このときの0から始まってプラスとマイナスを1回ずつ繰り返して再度0に戻ってきた（1サイクルの）時間を**周期**（略号「$T$」、単位は秒〔s〕）といい、また、1秒間に何回繰り返すか（何サイクルするか）を表すものを**周波数**といいます。周波数は、略号「$f$」、単位は〔Hz〕（ヘルツと読みます）で表します。周期と周波数には、次のような関係があります。

$$周期　T = \frac{1}{周波数\,f} \qquad 周波数　f = \frac{1}{周期\,T}$$

**（2）実効値**

　直流の電圧は時間が変わっても一定ですので、その電圧の大きさは、例えば 24 V などと表現できますが、常に変化している交流の電圧を表す場合には、直流と同じ仕事をするときの交流に換算した値が使用されます。その値を**実効値**といいます。実効値は、図2のような交流電圧の波形の**最大値**から次の式により求めることができます。

$$実効値　E = \frac{最大値\,E_m}{\sqrt{2}}$$

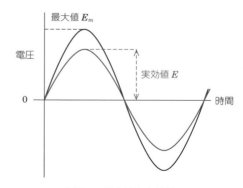

● 図2　最大値と実効値 ●

家のコンセントの電圧は一般的に 100 V といわれますが、実はこれは実効値の値です。最大値はその$\sqrt{2}$ 倍の 141.4 V になります。− 141.4 V 〜 141.4 V を行ったり来たりしています。

📖マメ知識 ➡➡➡　二つの周波数

　日本は静岡県の富士川と新潟県の糸魚川あたりを境にして、東日本側は 50 Hz、西日本側は 60 Hz の周波数の電気が送られています。このように日本の東西で周波数が異なるのは、明治初期に東日本側の電力会社がドイツ式の発電機を、西日本側の電力会社がアメリカ製の発電機を別々に導入したためです。現在も当時の流れを汲む形で二つの周波数が存在しています。

✏️ よく出る問題 ✏️

問 １ ─────────────────── [ 難易度 😐 😌 😖 ]
正弦波交流起電力の最大値が 283 V である場合、その実効値として正しいのは次のうちどれか（計算上$\sqrt{2}$ = 1.414 とする）。
(1)　約 100 V
(2)　約 200 V
(3)　約 300 V
(4)　約 400 V

解説
　正弦波交流の実効値 $E$ と最大値 $E_m$ の関係式は、$E = \dfrac{E_m}{\sqrt{2}}$ です。

　よって
　　　　283 V ÷ 1.414 ≒ 200 V

問 ２ ─────────────────── [ 難易度 😐 😌 😖 ]
実効値 200 V の正弦波交流電圧の最大値について、正しいものは次のうちどれか（計算上$\sqrt{2}$ = 1.414 とする）。
(1)　141.4 V
(2)　241.4 V
(3)　282.8 V
(4)　341.4 V

解説
　正弦波交流の実効値 $E$ と最大値 $E_m$ の関係式は、$E = \dfrac{E_m}{\sqrt{2}}$ です。

　よって
　　　$E_m = E \times \sqrt{2}$
　　　　　$= 200 \times 1.414$
　　　　　$= 282.8$ V

解答 問 1 −（2）　　問 2 −（3）

　電気回路には、電流を流さないようにジャマするものとして、抵抗以外にもコイルやコンデンサがあります。コイルやコンデンサを接続した場合の抵抗は、「抵抗」とは呼ばず、コイルの場合は**誘導リアクタンス**、コンデンサの場合は**容量リアクタンス**といいます。単位は抵抗と同じオーム〔Ω〕です。しかし、誘導リアクタンスや容量リアクタンスの大きさは、抵抗の場合のように簡単に計算ができません。ここでは、交流回路におけるコイルやコンデンサを接続した場合について学んでいきます。

### (1) 誘導リアクタンス

　コイルとは、図1のように電線をぐるぐる巻いたものです。コイルに電流を流すと、一瞬流れないように抵抗します。逆に、コイルに流れていた電流を止めると、今度は一瞬流れるように抵抗します。このようなコイルの電気的特性を**インダクタンス**といい、略号「$L$」、単位〔H〕（ヘンリーと読みます）で表します。

● 図1　コイル ●

　図2の交流回路における誘導リアクタンス $X_L$ の大きさは、次の式により求めることができます。また、コイル（インダクタンス）に電流を流すと、図3のように**電流は電圧の位相より 90°$\left(\dfrac{1}{4}\right.$周期又は $\dfrac{\pi}{2}$ rad $\left.\right)$ 遅れます。**

$$誘導リアクタンス \quad X_L = 2\pi f L$$

（$f$：周波数〔Hz〕、$L$：インダクタンス〔H〕）

● 図2　交流回路（コイル）●

位相の単位には〔°〕(度)のほかに〔rad〕(ラジアン) もあります。360°＝2π rad。試験では、rad でほとんど出題されています。

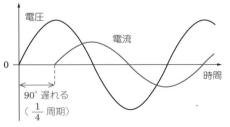

90° 遅れる
（$\dfrac{1}{4}$ 周期）

● 図3　電流と電圧の位相差 ●

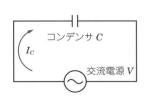

● 図4　交流回路（コンデンサ）●

## (2) 容量リアクタンス

図4の交流回路における容量リアクタンス $X_C$ の大きさは、次の式により求めることができます。また、コンデンサに交流電圧を印加すると、図5のように電流は電圧の位相よりも **90° 進み**ます。

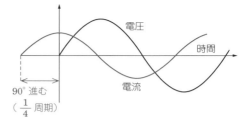

90° 進む
($\frac{1}{4}$ 周期)

● 図5　電流と電圧の位相差 ●

容量リアクタンス　$X_C = \dfrac{1}{2\pi f C}$

（$f$：周波数〔Hz〕、$C$：静電容量〔F〕）

## よく出る問題

### 問 ①
――――――――――――――――――― 【 難易度 ☺ ☺ ☺ 】

負荷が誘導リアクタンスのみの交流回路における電圧と電流の関係について、正しいものは次のうちどれか。

(1)　電流は、電圧より位相が 45° 遅れる。

(2)　電流は、電圧より位相が 45° 進む。

(3)　電流は、電圧より位相が 90° 遅れる。

(4)　電流は、電圧より位相が 90° 進む。

**解説**　誘導リアクタンスのみの交流回路（インダクタンス回路）において、電流は電圧の位相より 90° 遅れます。

### 問 ②
――――――――――――――――――― 【 難易度 ☺ ☺ ☺ 】

静電容量が $2\,\mu\mathrm{F}$ のコンデンサを 50 Hz の交流回路で使用する場合の容量リアクタンスについて、正しいものは次のうちどれか。

(1)　160 Ω

(2)　628 Ω

(3)　1.60 kΩ

(4)　6.28 kΩ

**解説**　容量リアクタンス $X_C$ を求める式は、$X_C = \dfrac{1}{2\pi f C}$ なので、静電容量の単位を F に変換して計算すると、次のようになります。

$$X_C = \frac{1}{2\pi \times 50\ \mathrm{Hz} \times 2\,\mu\mathrm{F} \times 10^{-6}} \fallingdotseq \frac{1}{6.28 \times 10^{-4}} \fallingdotseq 1.6 \times 10^3\ \Omega = 1.6\ \mathrm{k}\Omega$$

**解答**　問 1 － (3)　　問 2 － (3)

1
学期
↓
筆記試験対策

2
学期
↓
実技試験対策

3
学期
↓
模擬試験

**電気理論 9：交流回路③**

重要度 ////

### (1) 交流回路における合成抵抗（インピーダンス）

図1のような交流回路における複数の抵抗、コイル及びコンデンサを一つと考えたときの抵抗を**インピーダンス**といい、一般的に略号「$Z$」、単位は抵抗と同じ〔Ω〕で表します。

交流回路における電流の流れにくさを表すインピーダンス $Z$〔Ω〕は、次の式により求められます。

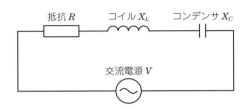

● 図1　交流回路（インピーダンス）●

インピーダンス　$Z = \sqrt{R^2 + (X_L - X_C)^2}$

（$R$：抵抗〔Ω〕、$X_L$：誘導リアクタンス〔Ω〕、$X_C$：容量リアクタンス〔Ω〕）

交流回路における、電流（実効値電流 $I$〔A〕）、電圧（実効値電圧 $E$〔V〕）及び抵抗（インピーダンス $Z$〔Ω〕）の関係は、オームの法則より次の式で求められます。

実効値電流　$I = \dfrac{実効値電圧\ E}{インピーダンス\ Z}$

### (2) 交流回路における電力と力率

コイルやコンデンサを接続した交流回路では、電圧と電流に位相のずれが生じ（電流は電圧より位相が遅れる）、電気的な仕事をしない（負荷に消費されない）**無効電力**が発生します。

一方、電気的な仕事をする電力（負荷が消費する電力）を**有効電力**といいます。

つまり、交流回路の電力には、図2のように無効電力と有効電力があり、その両方の電力を比率で示したものを**力率**（$\cos\theta$）といいます。有効電力と力率の関係は次の式により求められます。

● 図2　有効電力と無効電力 ●

有効電力　$P = EI\cos\theta$

（$P$：有効電力〔W〕、$E$：実効値電圧（負荷にかかる電圧）〔V〕、
$I$：実効値電流（負荷にかかる電流）〔A〕、$\cos\theta$：力率）

有効電力は負荷が消費する電力なので**消費電力**ともいいます。

力率（$\cos\theta$）〔%〕は、インピーダンスから次の式のように求められます。

$$力率 \quad \cos\theta = \frac{R}{Z} = \frac{R}{\sqrt{R^2 + (X_L - X_C)^2}}$$

1 学期 筆記試験対策

2 学期 実技試験対策

3 学期 模擬試験

## よく出る問題

**問 1** ———— [ 難易度 ☺ ☺ ☺ ]

図の交流回路における電流と力率の組合せとして、正しいものは次のうちどれか。

(1) 電流：5 A　力率：90 %
(2) 電流：10 A　力率：80 %
(3) 電流：15 A　力率：53 %
(4) 電流：20 A　力率：20 %

誘導リアクタンス　容量リアクタンス
抵抗 $R = 8\,\Omega$　　$X_L = 6\,\Omega$　　$X_C = 12\,\Omega$

交流電源 100 V

**解説**

抵抗 $R$、誘導リアクタンス $X_L$ 及び容量リアクタンス $X_C$ のインピーダンスは、
$Z = \sqrt{R^2 + (X_L - X_C)^2}$ より

$$Z = \sqrt{8^2\,\Omega + (6\,\Omega - 12\,\Omega)^2} = \sqrt{64 + 36} = \sqrt{100} = 10\,\Omega$$

電流は、電圧が 100 V なのでオームの法則より 10 A となります。

力率（$\cos\theta$）は、$\dfrac{R}{Z}$ なので

$$\frac{8\,\Omega}{10\,\Omega} = 0.8 = 80\,\%$$

となります。

**問 2** ———— [ 難易度 ☺ ☺ ☺ ]

単相交流 100 V の電源に消費電力 900 W の負荷を接続したところ、12 A の電流が流れた。このときの力率として正しいものは次のうちどれか。

(1) 65 %　(2) 75 %　(3) 85 %　(4) 95 %

**解説**

消費電力は、有効電力のことをいいます。したがって、有効電力 $P = EI \times$ 力率となり

$$力率 = \frac{P}{EI} = \frac{900\,\text{W}}{100\,\text{V} \times 12\,\text{A}} = 0.75 = 75\,\%$$

となります。

**解答** 問 1 -（2）　問 2 -（2）

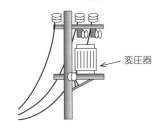

## レッスン 4-10 電気機器1：変圧器

重要度 🔧🔧🔧

変圧器はトランスとも呼ばれ、身近な電子機器としてさまざまな場所で見ることができます。例えば、図1のように電柱に乗っているゴミ箱のようなものが変圧器の例（柱上変圧器）です。これは、発電所から送電されてくる約6600Vの電気を、家庭用に100～200Vの電気まで下げる役割を果たします。このように変圧器は、電圧を調節できる電子機器です。ここでは、その仕組みについて学んでいきます。

● 図1　電柱の変圧器 ●

### (1) 変圧器の構造

変圧器の基本構造は、図2（柱上変圧器）のようにとてもシンプルです。鉄心に一次コイル（発電所側）と二次コイル（家庭側）を巻きつけた構造です。

### (2) 変圧器の原理

レッスン4-6では、磁界中の電線に電流を流すと電磁力が働き電線が動きました。今度は、図3のように電線を動かしてみます。すると電圧が発生し、電流が流れます。つまり**発電**していることになります。

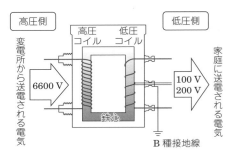

● 図2　変圧器（柱上変圧器）の構造 ●

電線が磁束を切るように動くことにより、コイル内部を変化させることで電圧（起電力）が発生することを**電磁誘導**といい、その電磁誘導によって発生した電圧を**誘導起電力**、流れた電流を**誘導電流**といいます。

変圧器では、誘導起電力を発生させる現象を活用しています。例えば、図2のように一次コイルに交流電圧 $V_1$ 〔V〕を加えると一次コイル側には、$E_1$〔V〕、二次コイルには $E_1$〔V〕の誘導起電力が発生します。

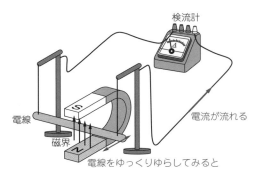

● 図3　電線を動かして起きた電磁誘導 ●

交流電圧は、レッスン4-7で学んだように、その大きさが周期的に変化（例：$0\,V \rightarrow 10\,V \rightarrow 0\,V \rightarrow -10\,V \rightarrow 0\,V$）しているので、電流も絶えず変化するため、磁束も変化し、誘導起電力を発生させるということです。

また、誘導起電力の大きさはコイルの巻数に比例し、次の式で表すことができます。

$$\frac{E_1}{E_2} = \frac{N_1}{N_2} = \frac{I_2}{I_1}$$

## ✎ よく出る問題 ✐

**問 1** ────────────────────── 【 難易度 ☺ ☺ ☹ 】

一次コイル側の巻数が 1000、二次コイル側の巻数が 250 の変圧器の一次コイル側に 100 V の電圧を加えたとき、二次コイル側に発生する電圧として正しいものは次のうちどれか。

(1)　25 V

(2)　50 V

(3)　100 V

(4)　250 V

 **解説**　誘導起電力の大きさは、「コイルの巻数」に比例します。

　　　　1000 巻：250 巻＝ 100 V：$A$

したがって、$A = 25$ V です。

**問 2** ────────────────────── 【 難易度 ☺ ☺ ☹ 】

一次巻線と二次巻線の巻線比が 3：1 の変圧器について、正しいものは次のうちどれか。

(1)　一次側の電力は、二次側の電力の $\frac{1}{3}$ 倍になる。

(2)　一次側の電流は、二次側の電流の $\frac{1}{3}$ 倍になる。

(3)　一次側の出力は、二次側の入力の $\frac{1}{3}$ 倍になる。

(4)　一次側の電圧は、二次側の電圧の $\frac{1}{3}$ 倍になる。

**解説**　誘導起電力（電圧）の大きさは、「コイルの巻数」に比例（この問題では、巻線比が 3：1 なので、3 倍）します。また、電流の大きさについては、コイルの巻数の比に応じて次の関係式になります。

　　　一次側電流 $I_1$、二次側電流 $I_2$ とした場合、$I_1 = \frac{1}{3}\,I_2$。

───────────────────────────────────────────

**解答**　問 1 － (1)　　　問 2 － (2)

1 学期 ➡ 筆記試験対策

2 学期 ➡ 実技試験対策

3 学期 ➡ 模擬試験

## レッスン 4-11 電気機器2：蓄電池

　私たちが生活で使用する電気製品のうち、コンセント（交流電源）に接続しないほとんどの電気製品には、電池が用いられています。また、コンセントに接続する電気製品でもパソコンのように電池（バッテリー）が内蔵されたものもあります。ここでは、私たちの生活に密着している電池について学んでいきます。

### (1) 電池の種類

　電池とは、何らかのエネルギーによって直流の電力を生み出す機器です。化学反応によって電気をつくる化学電池と、熱や光といった物理エネルギーから電気をつくる物理電池などがあります。化学電池には、一次電池と二次電池の2種類があり、主な電池は表1のとおりです。

① 一次電池：使い切りの電池で、マンガン乾電池、アルカリマンガン乾電池、リチウム電池などがあります。

② 二次電池：充電して繰り返し使える電池で、一般的に、蓄電池や充電式電池と呼ばれています。

### (2) 電池の仕組み

　電池は、図1のように電池内部の電解液の中で正（プラス）極の材料と負（マイナス）極の材料との間で起こる化学反応により、電子が移動し電流が発生して電気が起きます。電池がなくなるということは、電池の中で電気を起こしている正極の材料と

● 表1　電池の種類 ●

| 化学電池 | 電池の種類 |
|---|---|
| 一次電池 | マンガン乾電池、アルカリマンガン乾電池、リチウム電池など |
| 二次電池 | 鉛蓄電池、ニッケル・水素電池、ニッケル・カドミウム電池（ニカド電池）、リチウムイオン二次電池など |

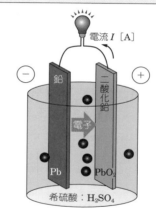

● 図1　電池の仕組み（例：鉛蓄電池）●

● 表2　蓄電池の正極、負極、電解液 ●

| 蓄電池の種類 | 正極 | 負極 | 電解液 |
|---|---|---|---|
| 鉛蓄電池 | 二酸化鉛 | 鉛 | 希硫酸 |
| ニッケル・カドミウム蓄電池 | 水酸化ニッケル | カドミウム | 水酸化カリウム |
| ニッケル・水素蓄電池 | 水酸化ニッケル | 水素吸蔵合金 | 水酸化カリウム |
| リチウムイオン蓄電池 | リチウム金属酸化物 | グラファイト | 有機電解液 |

負極の材料それぞれの化学変化が終了することです。

　一次電池の場合は、材料の化学変化が終われば使えなくなります。二次電池の場合は、外部から電気を与えること（充電）によって、電気が起きるときの化学反応と逆向きの反応が起こり、正極の材料と負極の材料がもとの材料に戻るので繰り返し使うことができます。

　主な蓄電池の正極、負極及び電解液の組合せについては表 2 のとおりです。

## ✎ よく出る問題 ✎

### 問 1 ─────────────────── 〔 難易度 ☺ ☺ ☺ 〕

鉛蓄電池の電解液として使用されるものについて、正しいものは次のうちどれか。

(1)　苛性ソーダ溶液
(2)　希塩酸
(3)　硫酸銅液
(4)　希硫酸

**解説**　鉛蓄電池に使用する電解液は、希硫酸を使用します。

### 問 2 ─────────────────── 〔 難易度 ☺ ☺ ☺ 〕

蓄電池の説明について、誤っているものは次のうちどれか。

(1)　鉛蓄電池は、電解液として希硫酸（$H_2SO_4$）を用い、正極に二酸化鉛（$PbO_2$）、負極に鉛（Pb）を用いた蓄電池である。
(2)　蓄電池の容量は、十分に充電した電池を、放電が完了するまで放電した電力消費量で表し、単位にはワット〔W〕を用いる。
(3)　蓄電池は、電流を消費し、外部の直流電源から、電流を電池の起電力と反対方向に流して、電気エネルギーを注入することにより繰り返し使用することができる電池である。
(4)　アルカリ蓄電池は、電解液として強アルカリ性の水酸化カリウム（KOH）や水酸化ナトリウム（NaOH）などの水溶液を用いる蓄電池である。

**解説**　(2) 蓄電池の容量は、ワット〔W〕ではなく、アンペア時〔Ah〕です。

**解答**　問 1 −(4)　　問 2 −(2)

1 学期 ➡ 筆記試験対策

2 学期 ➡ 実技試験対策

3 学期 ➡ 模擬試験

# 電気計測１：
# 電流・電圧・抵抗の測定

重要度 🖋🖋🖋

## （1）電流の測定と分流器について

負荷に流れる電流を測定するとき、通常は図1のように電流計を負荷と**直列**に接続します。一般的な電流計は、数百Aもある大電流を直接測定できません。そこで、電流計の測定範囲（最大目盛）を超えるような大電流を測定するときは**分流器**（抵抗器）を用います。分流器は、図2のように電流計の内部抵抗（電流計自体の抵抗）よりも**小さな抵抗**（分流器）を電流計と並列に接続します。

例えば、100Aの電流を最大目盛が10A（内部抵抗9Ω）の電流計では測定できません。このようなときは、図2のように分流器となる1Ωの抵抗器を並列に接続して測定します。電流計に流れる電流は、抵抗に比例して分流されることから

$$10\,\text{A}\left(=100\,\text{A}\times\frac{1\,\Omega}{9\,\Omega+1\,\Omega}\right)$$ となり、この数値

を5倍$\left(=\dfrac{8\,\Omega+2\,\Omega}{2\,\Omega}\right)$した値の100Aの電流を

測定したことになります。

## （2）電圧の測定と倍率器

負荷にかかる電圧を測定するとき、通常は図3のように電圧を負荷と**並列**に接続します。

一般的な電圧計は、数百Vもある高電圧を直接測定できません。そこで、電圧計の測定範囲（最大目盛）を超えるような大電圧を測定する場合、**倍率器**（抵抗器）を用います。倍率器は、図4のように電圧計の内部抵抗（電圧計自体の抵抗）よりも**大きな抵抗**（倍率器）を電圧計と直列に接続します。例えば、300Vの電圧を最大目盛が100V（内部抵抗100Ω）の電圧計では測定できません。このような場合は、図4のように倍率器となる200Ωの抵抗器を直列に接続して計測します。電圧計にかかる電圧は、抵抗に比例して分圧されることか

● **図1　電流の測定方法（通常）** ●

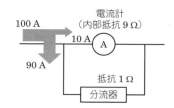

● **図2　電流の測定方法（分流器）** ●

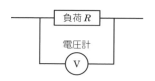

● **図3　電圧の測定方法（通常）** ●

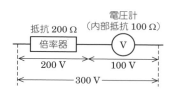

● **図4　電圧の測定方法（倍率器）** ●

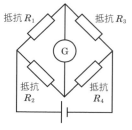

● **図5　ホイートストンブリッジ** ●

ら、$100\,\text{V}\left(=300\,\text{V}\times\dfrac{100\,\Omega}{100\,\Omega+200\,\Omega}\right)$ となり、この数値を 3 倍 $\left(=\dfrac{100\,\Omega+200\,\Omega}{100\,\Omega}\right)$ した値の 300 V の電圧を測定したことになります。

**(3) 抵抗の測定とホイートストンブリッジ**

図 5 のように抵抗 $R_1$、$R_2$、$R_3$、$R_4$ と検流計 G（微弱な電流を測定できる電流計）の回路をホイートストンブリッジといい、検流計 G の電流値が **0** となる条件のことを、**ブリッジの平均条件**といいます。このときの各抵抗の関係は次の式で表せます。

$$R_1 R_4 = R_2 R_3$$

---

 **よく出る問題**

## 問 1 ──────────────────────────── 【 難易度 ☺ ☺ ☺ 】

最大目盛 100 mV・内部抵抗 10 Ω の直流電圧計を、最大 10 V まで測定できるようにするために必要な倍率器の抵抗値 〔Ω〕 として正しいものは次のうちどれか。

(1) 90 Ω  (2) 100 Ω  (3) 990 Ω  (4) 1000 Ω

 **解説**　電圧計の測定範囲を拡大させるには、倍率器（抵抗）を電圧計と直列に接続します。電圧計にかかる電圧は、抵抗に比例して分圧されることから、倍率器と電圧計の内部抵抗の合成抵抗を $R$ とすると

$$10\,\text{V} : 0.1\,\text{V} = R : 10\,\Omega$$

よって、$R = 1000\,\Omega$ となり、倍率器の抵抗値は $1000\,\Omega - 10\,\Omega = 990\,\Omega$ となります。

## 問 2 ──────────────────────────── 【 難易度 ☺ ☺ ☺ 】

図のような抵抗値が異なる四つの抵抗 $P$、$Q$、$R$、$S$ 〔Ω〕で構成された回路において、検流計 G が常に 0 を示す条件として、正しいものは次のうちどれか。

(1) $P + Q = R + S$

(2) $\dfrac{1}{P + S} = \dfrac{1}{Q + R}$

(3) $PQ = SR$

(4) $PR = QS$

 **解説**　図のような回路において、検流計 G の値が 0 となる条件をブリッジの平均条件といい、その関係は $PR = QS$ になります。

---

**解答** 問 1 − (3)　　問 2 − (4)

## レッスン ④-13　電気計測2：測定器の動作原理と測定誤差

重要度 ✏✏✏

　測定器には、図1のように電流値や電圧値などの電気諸量を、直接、指針などでアナログ表示する電気計器があり、それらの電気計器を指示電気計器といいます。指示電気計器は、電流計や電圧計に内蔵され、その動作原理はアナログ表示箇所に記号で示されています。ここでは、指示電気計器の動作原理や測定誤差について学んでいきます。

### (1) 種類と使用回路

　指示電気計器の主な種類は、表1のとおりです。

### (2) 測定器の置き方

　測定する際の測定器の置き方（鉛直・水平・傾斜）については、表2のとおり記号があります。

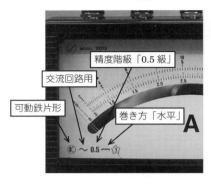

精度階級「0.5 級」
交流回路用
可動鉄片形
巻き方「水平」

● 図1　指示電気計器（交流電圧計）●

● 表1　指示電気計器の種類 ●

| 使用回路 | 種　類 | 記　号 | 動作原理 | 用　途 | 指示値 |
|---|---|---|---|---|---|
| 直流回路用<br>− − − | 可動<br>コイル形 | ⋂ | 可動コイルと永久磁石間に働く電磁力によって測定 | 電圧計<br>電流計<br>抵抗計 | 平均値 |
| 交流回路用<br>〜 | 可動鉄片形 | ⸓ | 固定コイルに流れる電流によって固定鉄片を磁化し、可動鉄片との間に生じる電磁力によって測定 | 電圧計<br>電流計<br>抵抗計 | 実効値 |
| | 誘導形 | ⊙ | 移動磁界・回転磁界と、金属板に生じる漏電流との間に生じる電磁力によって測定 | 電圧計<br>電流計<br>電力計 | 実効値 |
| | 整流形 | ▶◀ | 整流器（ダイオード）によって交流を直流に変換し、可動コイルによって測定 | 電圧計<br>電流計 | 平均値 |
| 直流・交流回路用<br>〜 | 電流力計形 | ⊡ | 固定コイルと可動コイルに流れる電流による電磁力によって測定 | 電圧計<br>電流計<br>電力計<br>周波数計 | 実効値 |

● 表2　測定器の置き方に関する記号 ●

| 鉛直 | 水平 | 傾斜 |
|---|---|---|
| ⊥ | ⌐ | ∠60° |

### （3）精度階級

精度階級とは、測定器の最大目盛に対する許容誤差の割合をいいます。例えば、電圧計の最大目盛りが $100\,\mathrm{V}$ の場合、許容誤差が $0.5\,\mathrm{V}$ であれば、精度階級は 0.5 級になります。精度階級は日本工業規格（JIS）で 0.2 級（標準用：精密実験室に置かれ移動しないもの）、0.5 級（精密測定用：携帯用計器）、1.0 級、1.5 級、2.5 級に分類しています。

### （4）誤差と補正

測定には、精度階級があるように、測定した値（測定値）には、通常、真実の値（真値）との間に差（誤差）が生じています。誤差は、次の式で表します。またその逆の差を補正 $\alpha$ といいます。

誤差　$\varepsilon =$ 測定値 $M -$ 真の値 $T$　　補正　$\alpha =$ 真の値 $T -$ 測定値 $M$

## よく出る問題

### 問 1 ──────────────── [ 難易度 ☺ ☹ ☻ ]

直流では作動しない指示電気計器は、次のうちどれか。

(1) 整流形の計器
(2) 静電形の計器
(3) 電流力計形の計器
(4) 可動コイル形の計器

**解説**　指示電気計器を使用する際の回路には、直流回路用、交流回路用及び直流・交流回路用があります。設問の「直流では作動しないもの」とは、交流回路用のことを指しています。なお、直流回路用は、「可動コイル形」の1種類のみです。

### 問 2 ──────────────── [ 難易度 ☺ ☹ ☻ ]

真値を $T$、測定値を $M$ とした場合、誤差 $\varepsilon$ と補正 $\alpha$ の組合せとして正しいものは次のうちどれか。

(1) $\varepsilon = M + T$、$\alpha = T - M$
(2) $\varepsilon = M - T$、$\alpha = T - M$
(3) $\varepsilon = T - M$、$\alpha = M - T$
(4) $\varepsilon = M - T$、$\alpha = T + M$

**解答** 問1 －（1）　　問2 －（2）

# レッスン 4-14 電気計測3：電気材料

重要度

物質が電気を通すことができるかどうかによって、「導体」、「半導体」、「絶縁体」に区分されます。電気をよく通す物質は**導体**、通さない物質は**絶縁体**です。**半導体**は少し特殊で、導体と絶縁体の中間に位置しています。

私たちの生活の中では、導体は電線の心線部分に用いられ、絶縁体は大地への漏洩や感電を防ぐため電線の周囲に被覆された保護材として用いられています。半導体は温度などによって導体にも絶縁体にも変化する特殊な性質をもっています。ここでは導体、絶縁体、半導体について学んでいきます。

## （1）抵抗率と導電率

電気の通しにくさを表す度合いを**抵抗率**（表1）といい、逆に電気の通しやすさを表す度合いを**導電率**といいます。抵抗率や導電率は導体の種類によって異なり、導体そのものがレッスン4-1で学んだ抵抗であることを意味します（例：銀と水銀を比較した場合、銀のほうが抵抗率が低いので電気を通しやすいということになる）。この導体としての抵抗値と抵抗率の関係は、次の式で表します。

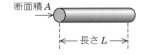

$$R = \rho \frac{L}{A}$$

（$R$：抵抗〔Ω〕、$\rho$：抵抗率〔Ω/m〕、
$L$：導体の長さ〔m〕、$A$：導体の断面積〔m²〕）

つまり、導体の抵抗値 $R$ は、導体の長さに比例し、断面積に反比例するということになります（導体が長いと電気が流れる距離が長くなってしまうので、抵抗値は大きくなる）。

### ● 表1　導体の抵抗率（20℃）●

| 導体 | 抵抗率〔Ω・m〕 | 導体 | 抵抗率〔Ω・m〕 |
|---|---|---|---|
| 銀 | $1.59 \times 10^{-8}$ | 黄銅 | $5 \sim 7 \times 10^{-8}$ |
| 銅 | $1.68 \times 10^{-8}$ | 鉄 | $1.00 \times 10^{-7}$ |
| 金 | $2.21 \times 10^{-8}$ | 白金 | $1.04 \times 10^{-7}$ |
| アルミニウム | $2.65 \times 10^{-8}$ | すず | $1.09 \times 10^{-7}$ |
| 亜鉛 | $6.02 \times 10^{-8}$ | 鉛 | $2.08 \times 10^{-7}$ |
| ニッケル | $6.99 \times 10^{-8}$ | 水銀 | $9.62 \times 10^{-7}$ |

## （2）導体・絶縁体

　導体は、電気を通しやすい物質をいい、反対に電気を通しにくい物質を絶縁体といいます。主な物質は、図1のとおりです。また、導体の中でも導電率が高い物質ほど電気をよく通します。

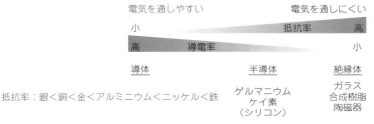

抵抗率：銀＜銅＜金＜アルミニウム＜ニッケル＜鉄

● 図1　導体、半導体、絶縁体 ●

## よく出る問題

### 問 1 ──────────────────────── [ 難易度 😐 😐 😵 ]

A・B2本の同質の銅線において、AはBに比較して直径が2倍で長さは4倍であるとき、Aの抵抗値として正しいものは次のうちどれか。

(1)　1倍　　(2)　2倍　　(3)　3倍　　(4)　8倍

**解説**　Aの断面積は、直径 $D$ として $A = \pi r^2 = \pi \left(\dfrac{D}{2}\right)^2 = \pi \dfrac{D^2}{4}$ です。Bの抵抗は $R_B = \dfrac{L}{D^2}$、

Aの抵抗は $R_A = \dfrac{4L}{(2D)^2} = \dfrac{4L}{4D^2} = \dfrac{L}{D^2}$ です。比較すると次式となります。

$$\frac{R_A}{R_B} = \frac{\dfrac{L}{D^2}}{\dfrac{L}{D^2}} = 1$$

### 問 2 ──────────────────────── [ 難易度 😐 😐 😵 ]

導体を導電率が高い順に並べた場合、正しいものは次のうちどれか。

(1)　銀－銅－金－アルミニウム－ニッケル－鉄
(2)　金－銀－銅－鉄－アルミニウム－ニッケル
(3)　銅－銀－金－ニッケル－アルミニウム－鉄
(4)　鉄－金－アルミニウム－銀－銅－ニッケル

**解説**　「導電率が高い順」とは、電気を通しやすい順番ということです。電気を通しやすい導体の順番として、「銀＞銅＞金」の順番は暗記しておきましょう。

**解答**　問1－(1)　　問2－(1)

## レッスン4の重要事項のまとめ

① **オームの法則**：電圧 $V$ は、電流 $I$ と抵抗 $R$ に比例し、電流 $I$ は抵抗 $R$ に反比例する。

電圧 $V$ ＝抵抗 $R$ ×電流 $I$

② **合成抵抗 $R_0$**：直列接続の合成抵抗　$R_0 = R_1 + R_2 \cdots + R_n$

並列接続の合成抵抗　$\dfrac{1}{R_0} = \dfrac{1}{R_1} + \dfrac{1}{R_2} + \cdots + \dfrac{1}{R_n}$

③ **合成静電容量 $C_0$**：直列接続の合成静電容量　$\dfrac{1}{C_0} = \dfrac{1}{C_1} + \dfrac{1}{C_2} + \cdots + \dfrac{1}{C_n}$

並列接続の合成静電容量　$C_0 = C_1 + C_2 + \cdots + C_n$

④ **電力と電力量**：電力は、単位時間（1秒間）あたりに電流がする仕事（量）。

電力　$P$ ＝電圧×電流

電力量は、電力をどのくらいの時間使用したかを表す。

電力量　$W$ ＝電力×時間

⑤ **フレミングの左手の法則**：磁界中にある電流が流れる導体に働く力の方向。

親指：電磁力 $F$〔N〕、人差し指：磁界 $B$〔T〕、中指：電流 $I$〔A〕

⑥ **実効値 $E$ と最大値 $E_m$ の関係式**：実効値　$E = \dfrac{最大値 E_m}{\sqrt{2}}$

⑦ **誘導リアクタンス $X_L$**：$X_L = 2\pi$ ×周波数 $f$ ×インダクタンス $L$

電流の位相が電圧よりも $90°$ $\left( \dfrac{\pi}{2} \text{ rad} \right)$ 遅れる。

⑧ **容量リアクタンス $X_C$**：$X_C = \dfrac{1}{2\pi f C}$　（$C$：静電容量）

⑨ **インピーダンス $Z$**：$Z = \sqrt{R^2 + (X_L - X_C)^2}$

⑩ **有効電力 $P$〔W〕と力率 $\cos\theta$ の関係式**：$P = EI\cos\theta$

⑪ **力率 $\cos\theta$ とインピーダンス $Z$ の関係式**：$\cos\theta = \dfrac{R}{Z} = \dfrac{1}{\sqrt{R^2 + (X_L - X_C)^2}}$

⑫ **変流器の誘導起電力**：変圧器の誘導起電力の大きさは「コイルの巻数」に比例

⑬ **分流器と倍率器**：分流器は電流計に並列接続、倍率器は電圧計に直列接続

⑭ **ホイートストンブリッジの平衡条件**：右の図において
各抵抗の値で $R_1 R_4 = R_2 R_3$ が成立するとき、電流は
流れない。

⑮ **導電率の高い順**：
銀＞銅＞金＞アルミニウム＞ニッケル＞鉄

# 実技試験
# 対策

　実技試験は、①鑑別試験（写真やイラストに対して短文で回答する試験）、②漏電火災警報器の設置方法、③漏電火災警報器の構成や試験方法について文章で記述する筆記試験です。

　出題形式は、①漏電火災警報器を点検・設置するための測定器や工具などの写真やイラストに対して、その名称や用途について文章で回答する形式、②漏電火災警報器の設置図に対して、間違った箇所を指摘し正しい設置について文章で回答する形式、③漏電火災警報器の構成について、図示された内容に対し、空欄を埋める問題や、試験方法について、間違った箇所を指摘し正しい試験方法について文章で回答する形式があります。

　いずれにしても、1学期レッスン2とレッスン3の内容を文章で記述する筆記試験ですので、十分に理解していなければ回答できません。

　この2学期は、1学期レッスン2とレッスン3の復習をするつもりで学んでください。

実技試験は、写真やイラストで示された機器に対してその名称や用途を問う問題のほか、1学期レッスン2及びレッスン3で学んだ配線図などを示して、その内容を文章で記述する問題が出題されます。

　　特に、レッスン2-3の図1〜図5、レッスン3-7の図2〜図4に関係する問題が出題されますのでよく把握してください。

　　実技試験は、漏電火災警報器について、どれだけその内容を熟知しているか理解力が問われます。基本的には、復習になりますが、同じ内容を別の角度から考察するつもりで学習していきましょう。

● 1「**鑑別試験1：測定器**」では、漏電火災警報器を設置するときに使用する測定器や漏洩電流検出試験の際に使用する試験器の用途や取扱方法について解説しています。

　　出題方式は、測定器や試験器の写真が示され、その写真について機器名称や機能・用途などを記述式で解答します。各機器の違いをよく見て、その見分け方を把握しておく必要があります。

● 2「**鑑別試験2：工具類**」では、漏電火災警報器の設置の際に使用する工具の名称やその用途について解説しています。工具類は、一見似たような印象ですので、それぞれ外見の特徴をつかみ、その用途と合わせて記述できるように整理してください。

● 3「**漏電火災警報器の構造**」では、受信機の回路構成や変流器の分類について解説しています。

　　受信機の回路構成は、回路部分を空欄とし、空欄に該当する回路の名称を記述する問題が出題されますので、各構成部の配置をよく把握してください。

　　変流器の分類については、屋内型、屋外型や貫通形、分割形の4パターンですので、構造上の特徴について、1学期レッスン3-1の内容を、もう一度整理してください。

　　また、漏電火災警報器の受信機や変流器の構造として、規格省令で定められている表示事項を記述する問題が出題されます。レッスン3-4⑨、レッスン3-5（2）を復習し、記述できるようにしましょう。

●4「**漏電火災警報器の設置方法①**」では、変流器の設置又は受信機の操作電源に関する注意点について解説しています。実技試験では、配線上に数か所の変流器の設置場所候補があげられ、変流器の設置場所として最も適切な場所（位置）を指摘する問題が出題されます。

受信機の操作電源に関する問題は、配線図を示して、間違いを指摘する問題が出題されます。

●5「**漏電火災警報器の設置方法②**」では、漏電火災警報器を設置する際の接地線に係る注意点を解説しています。漏電火災警報器の設置配線図の適切な接地線の位置について、よく理解してください。

●6「**漏電火災警報器の試験方法**」では、防火対象物において「設置工事完了後に行う試験」及び「毎年実施する総合点検」で実施する漏洩電流検出試験について出題される傾向がありますのでしっかり内容を学習しましょう。

試験では、示された配線図について、「漏洩電流検出試験」の試験名称を記述する問題や未完成の配線図を完成させる問題が出題されます。

# 1 鑑別試験1：測定器

重要度 🖊🖊🖊

電気を計測（測定）する機器は、さまざまなものがありますが、ここでは代表的な計測器（測定器）について学んでいきます（図1〜図7）。

**(1) 回路計（マルチメーター・テスター・回路試験器）**

① 機能：**電圧（交流・直流）、電流（直流）、抵抗などの測定器**です。

② 取扱方法：電圧・電流の測定は、基本的に直流であれば赤のテストリードを測定物のプラス側、黒のテストリードをマイナス側に当てて、指針を読み取ります。交流を測定する場合はテストリードのプラス・マイナスの区別はありません。

● 図1　回路計 ●

**(2) 絶縁抵抗計（メガー・電気抵抗計）**

① 機能：電気製品の電気回路の対地間や線間の絶縁が保たれているかどうかの**抵抗値を測定する絶縁抵抗試験**に使用される測定器です。回路の絶縁が悪い場合は漏電による火災や感電の原因となります。

② 取扱方法：測定する電気製品（電気回路）に電圧がかかっていない状態で測定します。

**(3) クランプメーター（架線電流計）**

① 機能：クランプで電線を挟むことにより、電線に流れる電流による磁界を測ることによって**電気回路に直接接続することなく測定できる電流計**です。

② 取扱方法：クランプをきちんと閉じ、電線が中心に来るように測定します。

**(4) 検電器**

① 機能：接触箇所が電気を帯びているか否かを判別する行為（**検電**）に用いる測定器です。

● 図2　絶縁抵抗計 ●

● 図3　クランプメーター ●

● 図4　検電器 ●

長いコードと2本の補助設置極（棒）が付属されています。

● 図5　接地抵抗計 ●

● 図6　騒音計 ●

● 図7　漏電火災警報器試験器 ●

**（5）接地抵抗計（アーステスター）**

① 機能：接地極として使用する各種導体（電気製品）に対する**接地抵抗（接触抵抗：接地極と大地の間の抵抗）**を測定する測定器です。

**（6）騒音計**

① 機能：音の客観的な物理的性質を数値化（単位はデシベル〔dB〕）する測定器です。漏電火災警報器の音響装置試験において受信機（音響装置）の音圧を測定します。

**（7）漏電火災警報器試験器**

① 機能：試験や点検の際に実施する「**漏洩電流検出試験**」に用います。

② 取扱方法：出力用リード線（黒）を変流器の貫通孔に通し、警戒回路に接続します。感度電流の設定で、公称作動電流値を設定し試験を開始後、受信機が作動したときの電流値を確認します。

### よく出る問題

**問 1** ──────────────── [ 難易度 ☺ ☺ ☹ ]

図の測定器具について、次の問に答えなさい。

（1）この測定器具の名称を答えなさい。

（2）この測定器具を用いて行う音響装置試験について、次の文中の空欄を記入しなさい。

　音響装置の音圧は、音響装置の取り付けられた位置の中心から前面　①　m離れた位置で、測定器を用いて測定した値は　②　dB以上であること。

**解説**　音響装置試験は、設置工事完了後に行う試験や毎年実施する総合点検の際に実施します。

**解答**　（1）騒音計　　（2）①1　②70

# 2 鑑別試験2：工具類

漏電火災警報器に使用する工具類の名称や用途について学んでいきましょう。

| 名称 | ノギス |
|---|---|
| 用途 | 長さを精密に測定する際に用いる |

| | マイクロメーター |
|---|---|
| | 長さを（ノギスより）精密に測定する際に用いる |

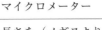

| 名称 | 圧着工具 |
|---|---|
| 用途 | 電線と圧着端子を圧着結合するために用いる |

| | ワイヤストリッパ |
|---|---|
| | 電線の被覆のみをはがすために用いる |

| 名称 | ケーブルカッター |
|---|---|
| 用途 | 主に銅線ケーブルを切断するために用いる |

| | ラジオペンチ |
|---|---|
| | 切る、曲げる、挟むなど電子機器の配線や部品をつかむ |

| 名称 | ニッパー |
|---|---|
| 用途 | 配線を切断するために用いる |

| | パイプカッター |
|---|---|
| | 電線管などの周囲で回転させ管を切断するために用いる |

| 名称 | モンキーレンチ |
|---|---|
| 用途 | ボルトを回すために用い、複数のサイズのボルトに使用できる |

| 名称 | ドライバー |
|---|---|
| 用途 | ねじを締め付けたり緩めたりするために用いる |

## ✏ よく出る問題 ✏

### 問 1 ────────────── [ 難易度 ☺ ☹ ☹ ]

次の写真に示す工具の名称と用途を答えなさい

(1) 　　　　　　　　　　(2) 　　　　　　　　　　(3)

---

解答 (1) 名称：ノギス
　　　　用途：長さを測定する際に用いる。
　　(2) 名称：パイプカッター
　　　　用途：電線管などの周囲を回転させ切断するために用いる。
　　(3) 名称：ケーブルカッター
　　　　用途：主に銅線ケーブルを切断するために用いる。

# 3 漏電火災警報器の構造

重要度 ✎✎✎

## (1) 漏電火災警報器の受信機の内部回路構成

受信機の内部回路構成は、図1のようになっており、各回路部は次のような働きをします。**各回路の名称と信号の伝わる方向**（矢印の向き）について記述できるようにしましょう。

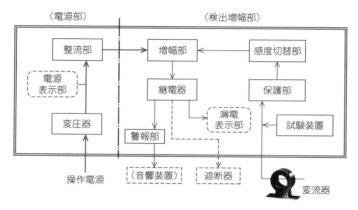

（電源部）　　　　　　　　　（検出増幅部）

● 図1　受信機の内部回路構成 ●

① 変流器で生じた漏洩電流は、受信機の入力信号として保護部に入ります。

② **保護部**では、通常の入力信号の場合は、特に働かずに、そのまま出力電圧として増幅部へ信号を発信しますが、過大な入力信号が加わった場合は、保護部で一定の範囲の電圧以下に制限し増幅部へ信号を発信します。

③ **感度切替部**は、作動電流値を設定（調整）するための切替回路で、ロータースイッチで設定します。なお、感度切替えの調整範囲の調整は、**最大値1A以下**と規格省令で定められています。

④ **増幅部**に入力された信号は、**継電器**を作動させ、漏電表示灯の点灯、音響装置の鳴動、外部接続した遮断器を作動させるために信号を発信します。

## (2) 変流器の構造と分類

1学期レッスン3-1で学んだように、変流器は、その構造や設置方法（取付方法）の違いにより以下の4種類に分類されます。実技試験（鑑別試験）では、変流器の写真（イラスト）を示して、変流器の分類上の名称や特徴を問う問題が出題されますので、見分け方をよく把握してください。

① 構造上による分類と特徴
　・屋内型（図2）：屋内での設置に適したもの（周囲温度範囲：−10〜60℃）
　・屋外型（図3）：屋外での設置に適したもので、屋内型と比較し周囲温度範囲
　　（−20〜60℃）が広く、**防水性能を有します**。

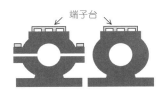

● 図2 【屋内型】●

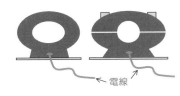

● 図3 【屋外型】●

屋外型の接続部は、電線であり、端子が露出していないため防水性能を有しています。一方、屋内型は、端子が露出しています。

② 設置方法（取付方法）による分類と特徴
　・分割形（図4）：変流器を上下に分割することができ、既存の配線（警戒電路）に
　　通すことができる（後付けが可能）。
　・貫通形（図5）：上下に分割することができない。

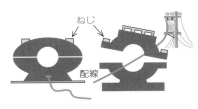

● 図4 ＜分割形＞ ●

分割形は、既設の配線に取付けできるように、上下に分割できます。取付けの際は、ねじを締め付けて上下の変流器を固定します。

● 図5 ＜貫通形＞ ●

※ この3の「よく出る問題」は128ページにあります。

# 4 漏電火災警報器の設置方法①

　実技試験では、漏電火災警報器を設置した場合の配線上の誤りを指摘する問題がよく出題されます。1学期レッスン2で学習した内容が実技試験で出題されることがありますので、ここでは、その注意点を中心に学習していきましょう。

**（1）変流器の設置に関する注意点**

①　変流器の貫通孔に警戒電路のすべての電線（単相2線式は2本、単相又は三相は3本）を貫通させます（図1）。

　→　変流器に中性線の負荷電流しか流れていないので磁束が打ち消し合わないため、誤作動が生じる。

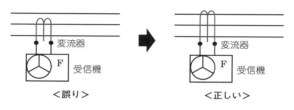

● 図1　変流器の取付方法 ●

②　変流器を警戒電路（接地線以外）に設置する場合は、原則として建築物に電気を供給する**屋外の電路**に設けることとされています（図2の（a））。ただし、建築構造上屋外の電路に設けることが困難な場合にあっては、**電路の引込口に近接した屋内の電路**に設けることとされています（図2の（b））。

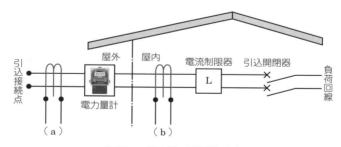

● 図2　変流器の設置場所 ●

**（2）受信機の操作電源に関する注意点**

　受信機の電源（操作電源）は、図3のように**電流制限器（一般家庭ではブレーカーと呼ばれるもの）、又は電流制限器を設けていない場合にあっては、主開閉器の一次側**から**専用回路**として分岐することとされています。

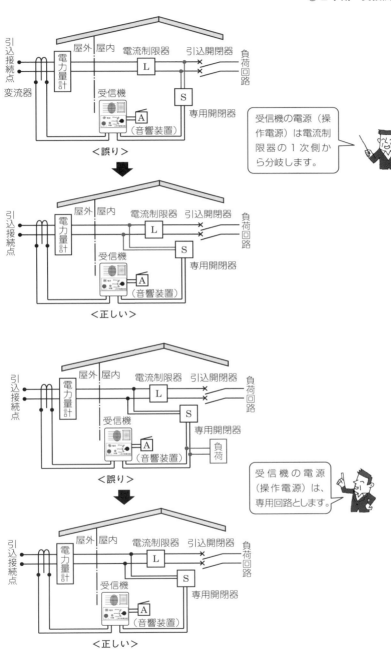

受信機の電源（操作電源）は電流制限器の1次側から分岐します。

受信機の電源（操作電源）は、専用回路とします。

● 図3　操作電源の配線方法 ●

## ✎ よく出る問題 ✎

**問 1** ─────────────── [ 難易度 ☺ ☺ ☹ ]

図は、漏電火災警報器の受信機の内部回路構成を示したものです。空欄にそれぞれの構成部の名称を記入しなさい。また、信号の伝わる方向を示しなさい。

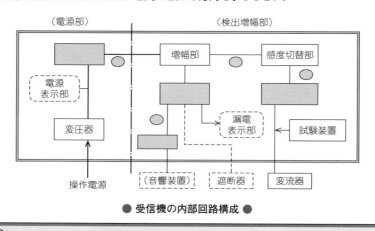

● 受信機の内部回路構成 ●

**解説**　受信機の内部回路構成は、大きく分けて電源関係の「電源部」と信号処理関係の「検出増幅部」に分類されます。操作電源及び変流器からの入力信号などは、増幅部で集約されます。

**解答** 問1

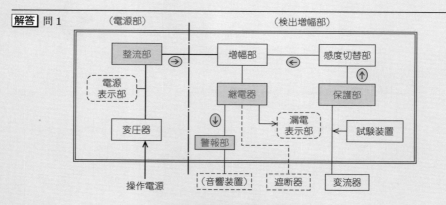

● 受信機の内部回路構成 ●

## 問 ② ──────────────────────────── [ 難易度 ☺ ☺ ☹ ]

次の図は、漏電火災警報器の設置方法を示したものである。変流器の設置場所として最も適切な場所について図の A ～ D のうちどれか示し、また、その理由を示しなさい。

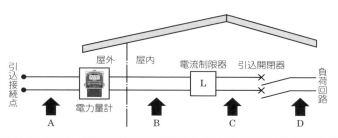

解説　モルタル構造の建築物では、電路を引き込む建築物の外壁等で漏電火災発生の危険が高いため、変流器は屋外の電路に取り付けることが原則とされている。

## 問 ③ ──────────────────────────── [ 難易度 ☺ ☺ ☹ ]

次の図は、漏電火災警報器の設置状況を示したものであるが、配線上の誤りを指摘し、その理由について答えなさい。

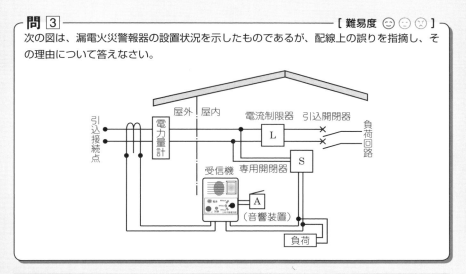

解答　問 2

　　　設置場所：**A**

　　　理由：変流器は、建築物に電気を供給する屋外の電路（**A** の場所）に設置することが適
　　　　　　しており、建築構造上屋外の電路に設けることが困難な場合にあっては、電路の
　　　　　　引込口に近接した屋内の電路（**B** の場所）又は **B** 種接地線で、当該変流器の点
　　　　　　検が容易な位置に堅固に取り付けることとされているため。

　　　問 3

　　　指摘：操作電源の配線に誤りがある。

　　　理由：漏電火災警報器の受信機の操作電源は、専用回路としなければならず、負荷回路
　　　　　　を接続してはならない。

# 5 漏電火災警報器の設置方法②

## （1）接地線の誤った接続方法

　図1は変流器を挟んで接地点（接地線）を設けてしまっている例です。

　→中性線の負荷電流が ab 間に電流が分流するため誤作動が生じます。

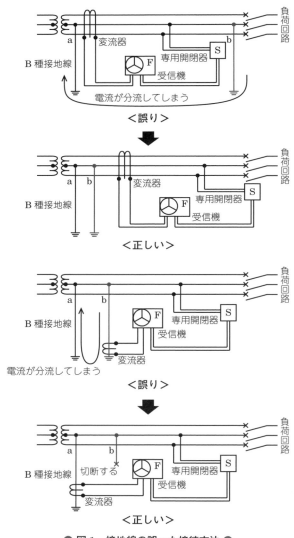

● 図1　接地線の誤った接続方法 ●

### (2) 金属管等を貫通させて設置する場合の注意点

　図2のように変流器の取付位置よりも電源側（引込線側）で金属管に対してD種接地工事が行われている場合、金属配管内に漏電が発生したときに漏洩電流が変流器内を往復するだけで、磁束が打ち消され、漏電を検出できない場合があります。このようなときは、**変流器の負荷側にD種接地線を移すか**、変流器の取付位置を金属管以外の場所に変える必要があります。

・D種接地は変流器の負荷側に設けます。
・D種接地を変流器の電源側及び負荷側の2か所に設置すると警報器が誤作動する場合があります。

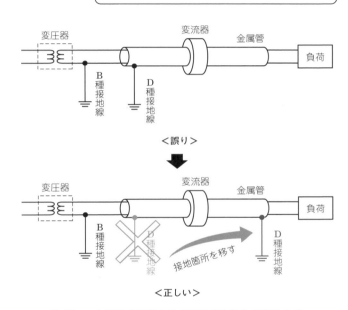

● 図2　金属管を貫通させて設置する場合の注意点 ●

　※　この5の「よく出る問題」は 133 〜 134 ページにあります。

# 6 漏電火災警報器の試験方法

重要度 ////

　実技試験では、漏洩電流検出試験に関する問題がよく出題されます。

　漏洩電流検出試験は、「設置工事完了後に行う試験」及び「毎年実施する総合点検」の際に実施される試験で、それぞれ判定基準が異なります。問題の傾向としては、漏洩電流検出試験の試験方法を問う問題や判定基準について数値を記述する問題が出題されています。判定基準については、出題された問題が、設置工事完了後に行う試験について問われているのか、それとも、総合点検について問われているのか、を注意しながら判定基準を判断できるようにしましょう。また、漏洩電流検出試験の試験方法として、1学期レッスン3-7で記載される「漏電火災警報器試験器を用いた試験方法」（図1）、「擬似漏電試験方法」（図2）、「人工漏電法（電圧法）」（図3）について、その違いや配線方法を把握してください。

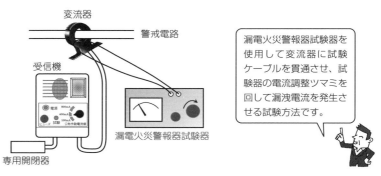

漏電火災警報器試験器を使用して変流器に試験ケーブルを貫通させ、試験器の電流調整ツマミを回して漏洩電流を発生させる試験方法です。

● **図1　漏電火災警報器試験機を用いた試験方法** ●

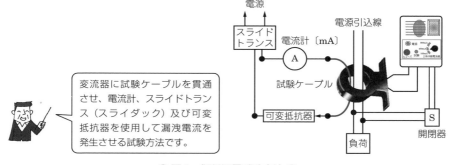

変流器に試験ケーブルを貫通させ、電流計、スライドトランス（スライダック）及び可変抵抗器を使用して漏洩電流を発生させる試験方法です。

● **図2　擬似漏電試験方法** ●

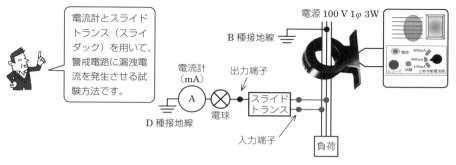

電流計とスライドトランス（スライダック）を用いて、警戒電路に漏洩電流を発生させる試験方法です。

● 図3　人工漏電法（電圧法）●

① 「設置工事完了後の試験」の場合

変流器の検出漏洩電流設定値に近い電流を徐々に流したとき、漏洩電流検出設定値の**40％以上105％以下**で受信機が作動することを確認します。

② 「毎年実施する総合点検」の場合

作動電流値における作動電流を2～3回測定し、正常に作動し、すべての作動電流値が公称作動電流値（作動電流設定値）の**40％以上110％以下**の範囲であることを確認します。

## ✎ よく出る問題 ✐

### 問 1 ─────────────── [ 難易度 ☺ ☺ ☺ ]

次の図は、漏電火災警報器の設置状況を示したものであるが、図の配線方法だと誤報が生じる。誤報が生じる理由と、誤報を生じさせないための対策を答えなさい。

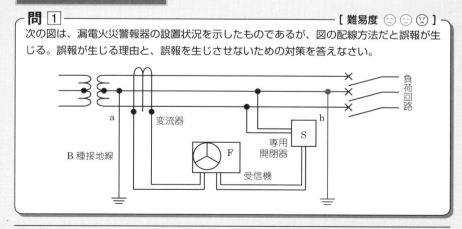

**解答** 問1　理由：図の中性線の負荷電流が a と b からなる閉回路に分流すると変流器がそれを検出するため誤報が生じる。

対策：b の接地線を変流器より電源側に設置する。

**問 2** ──────────────────────── [ 難易度 ☺ ☺ ☺ ]

次の図は、金属管に変流器を貫通させた場合の設置状況を示したものである。配線上の誤りを指摘し、その理由を答えなさい。

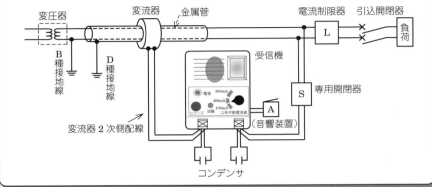

**問 3** ──────────────────────── [ 難易度 ☺ ☺ ☺ ]

図 1 及び図 2 は、毎年実施する総合点検の漏洩電流検出試験方法を図示したものである。各試験方法の名称を答えなさい。

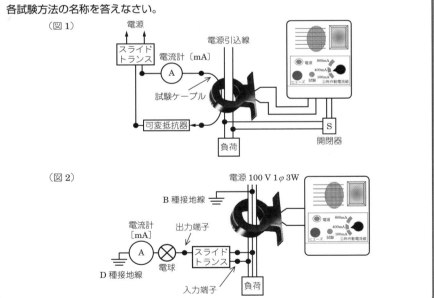

---

**解答** 問 2　変流器より変圧器（電源）側の金属管部分に接続した **D** 種接地線が誤り。

理由：金属管内で漏電が発生した場合、その漏洩電流が変圧器側の **D** 種接地線を通じて大地に流れると、漏洩電流が変流器内を往復するだけで、磁束が打ち消され、漏電を検出できない場合があるため。

**解説**　漏洩電流検出試験には、漏電火災警報器試験器を用いる方法のほか、各種の測定器などを用いて現場で回路を構成する方法があります。

## 問 ④ ────────────────────── ［ 難易度 ☺ ☺ ☹ ］

下の図は、漏電火災警報器の設置状況と漏洩電流検出試験の状況を図示したものであるが、配線が未完成である。図を完成させるためには、①から④までの各端子の接続先は、次の語群のうちどの端子になるのかそれぞれ答えなさい。

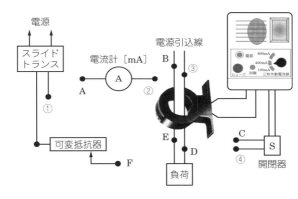

＜語群＞
ア：A　イ：B　ウ：C　エ：D　オ：E　カ：F
キ：変流器を貫通し E　ク：変流器を貫通し F　ケ：未接続
＜解答欄＞

①　　　　②　　　　③　　　　④

 **解説**　図の漏洩電流検出試験は、電流計、スライドトランス及び可変抵抗器から構成されているため擬似漏電試験方法を示しています。

**解答**　問 3（図 1）擬似漏電試験方法　（図 2）人工漏電法（電圧法）

問 4　①ア
　　　②ク
　　　③ケ
　　　④エ

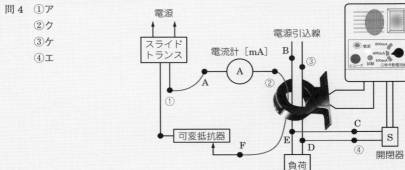

これは覚えておこう！

```
┌─────────────────────┐
│  重要事項のまとめ    │
└─────────────────────┘
```

① **鑑別試験**

　　a）**絶縁抵抗計（メガー・電気抵抗計）**
　　　　受信機の端子外箱間、端子間などの絶縁抵抗試験に使用される測定器

　　b）**接地抵抗計**
　　　　接地極として使用する各種導体（電気製品）に対する接地抵抗（接触抵抗：接地
　　　　極と大地の間の抵抗）を測定する測定器

　　c）**漏電火災警報器試験器**
　　　　漏洩電流検出試験に用いる試験器

　　d）**騒音計**
　　　　漏電火災警報器の音響装置試験において受信機（音響装置）の音圧を測定する測
　　　　定器

② **受信機の内部回路構成**

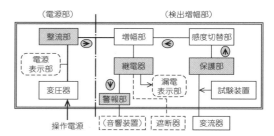

③ **変流器の分類**

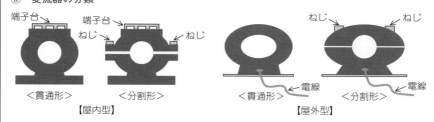

④ **漏洩電流検出試験**：漏電火災警報器試験器を使用する方法、疑似漏電試験法による方
　　法又は人工漏電法により試験を実施。

　　a）**「設置工事完了後の試験」の場合**
　　　　検出漏洩電流設定値の40％以上105％以下で受信機が作動すること。

　　b）**「毎年実施する総合点検」の場合**
　　　　作動電流値が公称作動電流値（作動電流設定値）の40％以上110％以下の範囲
　　　　であることを確認する。

# 3 学期

## 模擬試験

模擬試験では、本試験と同様の時間内（1 時間 45 分以内）で実施するなど、なるべく実践（本試験）を意識して問題を解いていきましょう。

本試験と同様な試験科目（消防関係法令：各類に共通する部分 6 問、7 類に関する部分 4 問、基礎的知識：電気に関する部分 5 問、構造・機能・整備：電気に関する部分 9 問、規格に関する部分 6 問、鑑別等 5 問）の問題数を出題しています。

模擬試験（第 1 回、第 2 回、第 3 回）の問題は、本試験で出題された場合でも、必ず回答できるように、よく理解しておいてください。

1 学期、2 学期で学習した内容の総仕上げです。まずは、参考書やほかのページを読み返さずに、問題を解いて自分の実力を把握してください。

# レッスン 1 模擬試験（第 1 回）

## ☑ ＜筆　記＞

### 1 消防関係法令

＜共通部分＞

☑ **問 1**　次のものは、消防用設備等に関する記述であるが、消防法令上誤っているものはどれか。

(1)　ガス漏れ火災警報設備には、液化石油ガスの保安の確保及び取引の適正化に関する法律に規定する液化石油ガス販売事業によりその販売がされる液化石油ガスの漏れを検知するためのものも含まれる。

(2)　屋内消火栓設備には、その性能機能により、1 号消火栓、易操作型 1 号消火栓、2 号消火栓及び広範囲型 2 号消火栓がある。

(3)　二酸化炭素、窒素、IG55 及び IG541 は、不活性ガス消火設備といわれる。

(4)　非常警報器具には、警鐘、携帯用拡声器、手動式サイレン等がある。

☑ **問 2**　次のものは、既存の防火対象物に設置されている消防用設備等のうち、技術上の基準の施行又は適用の際、遡及されることとなる消防用設備等であるが、消防法令上誤っているものはどれか。

(1)　重要文化財等の建物（令別表第 1（17）項）に設置される自動火災報知設備

(2)　漏電火災警報器

(3)　事務所の建物（令別表第 1（17）項）に設置されるガス漏れ火災報知設備

(4)　避難器具

☑ **問 3**　次のものは、危険物に関する記述であるが、消防法令上誤っているものはどれか。

(1)　引火性液体であるガソリン及びアセトンは、第 1 石油類に該当する。

(2)　硝酸は、第 5 類の自己反応性物質に該当する。

(3)　引火性固体は、第 2 類の可燃性固体に該当する。

(4)　カリウムは、第 3 類の自然発火性物質及び禁水性物質に該当する。

☑ **問 4**　次のものは、消防設備士に関する記述であるが、消防法令上誤っているものはどれか。

(1)　特殊消防用設備について、工事、整備及び点検を行うことのできる資格は、特類甲種消防設備士である。

(2)　消防設備士は、消防用設備等の工事又は整備に係る業務に従事するときは、消防設備士免状の携帯が必要である。

(3)　必要とされる防火安全性能を有する消防の用に供する設備等に係る工事又は整備を行うことのできる資格は、甲種消防設備士に限られている。

(4)　消防設備士は、消防用設備等の工事又は整備に係る業務に従事していなくても都道府県知事等の行う講習を受ける必要がある。

☑問5　次のものは、消防用設備等又は特殊消防用設備等の点検及び報告に関する記述であるが、消防法令上誤っているものはどれか。
(1)　防火対象物に設置されている消防用設備等は、定期的に点検し、適正に維持管理する必要がある。
(2)　延べ面積が1000 m² 以上の防火対象物に設置されている消防用設備等は、消防設備士又は消防設備点検資格者が点検する必要がある。
(3)　消防用設備等に係る点検結果については、特定防火対象物の場合は1年に1回、また、非特定防火対象物の場合は3年に1回報告する必要がある。
(4)　特殊消防用設備等は、設備等設置維持計画に従って、点検を行う必要がある。

☑問6　次のものは、防火管理者に関する記述であるが、消防法令上誤っているものはどれか。
(1)　防火管理者に必要な資格は、法令に定められており、当該防火対象物において防火管理上必要な業務を適切に遂行することができる管理的又は監督的な地位にある者とされている。
(2)　特定防火対象物で収容人員が30人以上のものは、防火管理者の選任が必要である。
(3)　防火管理者は、当該防火対象物の消防計画を作成し、所轄消防長等に届け出る必要がある。
(4)　建造中の旅客船で収容人員が50人以上のものは、防火管理者の選任が必要である。

## ＜漏電火災警報器に関する部分＞

☑問7　次に掲げる建築物（下地を不燃材料及び準不燃材料以外の材料で造った鉄網入りの壁を有する構造のもの）で、漏電火災警報器を設置すべき防火対象物に該当するものは、次のうちどれか。
(1)　延べ面積 250 m²、契約電流容量 45 A の小売物販販売店
(2)　延べ面積 300 m²、契約電流容量 50 A のカラオケボックス
(3)　延べ面積 500 m²、契約電流容量 50 A の倉庫
(4)　延べ面積 250 m²、契約電源容量 40 A の養護老人ホーム

☑問8　漏電火災警報器の設置基準に関する記述として、誤っているのは次のうちどれか。
(1)　漏電火災警報器の定格電流は、警戒電路の定格電流値以上のものを設けること。
(2)　音響装置は、防災センターに設けること。
(3)　受信機は、点検が容易で操作しやすい位置に設けること。
(4)　B種接地線に設置する変流器は、警戒電流の定格電流値以下の電流値を有するものを設けること。

1学期　→　筆記試験対策

2学期　→　実技試験対策

3学期　→　模擬試験

☑問9　漏電火災警報器の設置対象物として、防火対象物の構造に関係なく、漏電火災警報器の設置が義務付けられていない建築物は次のうちどれか。

(1)　延べ面積 500 m² の工場

(2)　ラスモルタル構造の木造一戸建て住宅

(3)　延べ面積 150 m² の病院

(4)　重要な文化財として指定された建築物

☑問10　漏電火災警報器の設置対象物となる場合の構造要件で、正しいものは次のうちどれか。

(1)　壁、床、天井が不燃材料で造られている建築物でも、鉄網入りモルタル仕上げの場合は設置義務が生じる。

(2)　耐火構造であれば必ず設置義務が生じる。

(3)　壁、床、天井のどれかが不燃材料で造られている建築物は、ラスがあっても設置義務が生じない。

(4)　壁、床、天井のどれかが下地を可燃性の材料で造られ、かつ鉄網入りの建築物は、設置義務が生じる。

## 2 基礎的知識

### ＜電気に関する部分＞

☑問11　静電容量がそれぞれ 5 μF、12 μF 及び 20 μF のコンデンサを並列に接続した回路の合成静電容量の値として、正しいものは次のうちどれか。

(1)　1 μF

(2)　3 μF

(3)　13 μF

(4)　37 μF

☑問12　測定器の取扱いに関する説明として、誤っているものは次のうちどれか。

(1)　検電器は充電の有無をチェックするもので、電圧は測定できない。

(2)　絶縁抵抗計で測定した値が大きいほど感電の危険性がある。

(3)　電圧計は負荷に対して並列に、電流計は負荷に対して直列に接続する。

(4)　回路計（テスター）は、主に電圧の測定や導通を調べるために使用する。

☑問13 図の回路でスイッチSを閉じたときの電流 $I$ が、閉じないときの電流の2倍になるときの抵抗 $R$ の値として、正しいものは次のうちどれか。

(1) 3Ω

(2) 4Ω

(3) 5Ω

(4) 6Ω

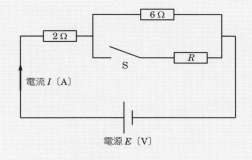

電流 $I$〔A〕

電源 $E$〔V〕

☑問14 図のような抵抗 $P$、$Q$、$R$、$S$ を使用した回路において、検流計 $G$ の指示値が0Aを示したときの抵抗 $S$ の値として正しいものは次のうちどれか。

(1) 50Ω

(2) 70Ω

(3) 90Ω

(4) 200Ω

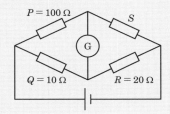

$P = 100\,\Omega$  $S$

$G$

$Q = 10\,\Omega$  $R = 20\,\Omega$

☑問15 消費電力600Wの電動モータを100Vで動作させたところ10Aの電流が流れた。電動モータの力率〔%〕として、正しいものは次のうちどれか。

(1) 50%

(2) 60%

(3) 75%

(4) 80%

## ③ 構造・機能・整備

### ＜電気に関する部分＞

☑ **問 16** 警戒電路に変流器を設けた漏電火災警報器の検出漏洩電流設定値〔mA〕として、次のうち適当なものはどれか。

- (1) 15 ～ 100
- (2) 100 ～ 400
- (3) 400 ～ 800
- (4) 100 ～ 1000

☑ **問 17** 漏電火災警報器の配線工事について、600 V ビニル絶縁電線（JIS C 3307）を使用して行う場合、その配線箇所と導体の直径の組合せとして、正しいものは次のうちどれか。

- (1) 受信機の操作電源の配線　　直径 1.6 mm 以上
- (2) 変流器の二次側屋内配線　　直径 1.6 mm 以上
- (3) 変流器の二次側屋外配線　　直径 2.0 mm 以上
- (4) 変流器の二次側架空配線　　直径 1.0 mm 以上

☑ **問 18** 防火対象物の関係者から漏電火災警報器の警報音がしばしば鳴って困っているとの相談があり、その原因を調べた中で次のようなことがわかった。
　　　次のうち漏電火災警報器の作動に直接関係がないものはどれか。

- (1) 警戒電路の負荷設備が湿気の多い場所に設置されていた。
- (2) 警戒電路の絶縁抵抗値が低下していた。
- (3) 警戒電路の電線こう長が増大していた。
- (4) 検出漏洩電流設定値が大きい値に切り替えられていた。

☑ **問 19** 四つの工場において、単相 100 V、三相 200 V 及び三相 400 V について絶縁抵抗を測定した結果、次の表に示す値が得られた。
　　　四つの工場のうち絶縁不良と考えられる工場はどれか。

|  | 単相 100 V | 三相 200 V | 三相 400 V |
|---|---|---|---|
| (1) 第 1 工場 | 0.2 MΩ | 0.3 MΩ | 0.6 MΩ |
| (2) 第 2 工場 | 0.1 MΩ | 0.2 MΩ | 0.3 MΩ |
| (3) 第 3 工場 | 0.1 MΩ | 0.2 MΩ | 0.4 MΩ |
| (4) 第 4 工場 | 0.1 MΩ | 0.3 MΩ | 0.5 MΩ |

☑問20　漏電火災警報器の変流器について、誤っているものは次のうちどれか。
(1)　地絡漏洩電流を検出するもので、零相変流器とも呼ばれる変圧器の一種である。
(2)　環状鉄心の中央孔を通す警戒電路の電線は、警戒電路の配線が単相なら2本、三相及び単相3線式なら3本すべての電線を通す必要がある。
(3)　警戒電路の配線が単相でも三相でも同じ構造の変流器を使用できる。
(4)　変流器の二次側回路のインピーダンスのわずかな変化によって、一次電流も変化する。

☑問21　漏電火災警報器の操作電源について、誤っているものは次のうちどれか。
(1)　操作電源は、電流制限器又は主開閉器の一次側から分岐すること。
(2)　操作電源回路に設ける開閉器には、漏電火災警報器用のものである旨の表示をすること。
(3)　漏電火災警報器の操作電源は、他の消防用設備等の電源と共有することができる。
(4)　漏電火災警報器の操作電源回路に設ける開閉器に配線用遮断器を用いる場合、その定格容量は20A以下のものとすること。

☑問22　漏電火災警報器の音響装置の音圧測定を暗騒音69dBの環境下で行ったところ、音圧は72dBだった。この音響装置の補正を行った音圧として正しいものは次のうちどれか。

（単位：dB）

| 対象の音があるときとないときの指示の差 | 3 | 4 | 5 | 6 | 7 | 8 | 9 | 10以上 |
|---|---|---|---|---|---|---|---|---|
| 補正値 | -3 | -2 | | | -1 | | | 0 |

(1)　69dB
(2)　70dB
(3)　71dB
(4)　72dB

☑問23　漏電火災警報器が誘導障害を起こさないための対策として、誤っているものは次のうちどれか。
(1)　放送局の放送波の強い電界内に設置する場合、変流器の二次側配線相互間をできるだけ隔離し設ける。
(2)　変流器の二次側配線には、鉄鋼、鋼製パイプなどを使用する。
(3)　変流器の二次側配線を大電流回路からできるだけ隔離する。
(4)　変流器の二次側配線には、金属シールド電線を使用して、シールド部分を接置する。

☑問24 漏電火災警報器の設置に係る工事が完了した場合における試験のうち、機能試験について誤っているものは次のうちどれか。
(1) 受信機の作動試験は、テストボタンを操作して確認する。
(2) 音響装置の鳴動は、テストボタンを操作して、70 dB 以上あることを確認する。
(3) 受信機の漏洩電流検出試験において、検出漏洩電流設定値の 40 ％以上 110 ％以下で受信機が作動すること確認する。
(4) 受信機の漏洩電流検出試験は、漏電火災警報器試験器等により、変流器検出漏洩電流設定値に近い電流を徐々に流して確認する。

## ＜規格に関する部分＞

☑問25 漏電火災警報器の音響装置は、規格省令上、定格電圧で連続して鳴動させた場合、機能・構造に異常を生じないものであること定められているが、何時間連続して鳴動させた場合なのか正しいものは次のうちどれか。
(1) 6 時間
(2) 8 時間
(3) 10 時間
(4) 12 時間

☑問26 漏電火災警報器の公称作動電流値に関する記述として、正しいものは次のうちどれか。
(1) 漏電火災警報器を作動させるため、漏洩電流の値として表示される値をいう。
(2) 感度調整装置を有する受信機については、その調整範囲の最大値をいう。
(3) 漏電火災警報器を作動させる定格電流として表示される値をいう。
(4) 漏洩電流を変流器が検出した場合、変流器が出力する値として表示される値をいう。

☑問27 漏電火災警報器の受信機の表示事項について、規格省令上、誤っているものは次のうちどれか。
(1) 定格電圧
(2) 公称作動電流値
(3) 漏電火災警報器受信機という文字
(4) 型式及び型式番号

☑問 28　漏電火災警報器の変流器は、規格省令上、警戒電路に電流を流さない状態で、変流器に接続される受信機の公称作動電流値を試験電流として流した場合、その出力電圧値の変動範囲は、当該公称作動電流値に対応する設計出力電圧値の何％までの範囲内であることとされているのか、正しいものは次のうちどれか。

(1)　40 ％から 105 ％までの範囲内

(2)　40 ％から 110 ％までの範囲内

(3)　70 ％から 125 ％までの範囲内

(4)　75 ％から 125 ％までの範囲内

☑問 29　変流器の電路開閉試験について、規格省令上、正しいものは次のうちどれか。

(1)　変流器の出力端子に負荷抵抗を接続し、警戒電路に当該変流器の定格電流の 110 ％の電流を流した状態で警戒電路の開閉を 1 分間に 5 回繰り返す試験。

(2)　電路開閉試験を行った場合、変流器の出力電圧値は、接続される受信機の公称作動電流値に対応する設計出力電圧値の 52 ％以下でなければならない。

(3)　変流器の出力端子に負荷抵抗を接続した状態で当該一の電線に変流器の定格電圧の数値の 20 ％の数値を電流値とする電流を 5 分間流した場合、構造又は機能に異常を生じないものでなければならない。

(4)　変流器の出力端子に当該変流器に接続される受信機の入力インピーダンスに相当するインピーダンス（負荷抵抗）を接続して行う試験。

☑問 30　漏電火災警報器の受信機の機能について、規格省令上、次の記述の空欄にあてはまる数字の組合せが正しいものは、次のうちどれか。

　　受信機は、信号入力回路に公称作動電流値に対応する変流器の設計出力電圧の 　ア 　％の電圧を加えた場合、 　イ 　秒以内で作動せず、かつ、公称作動電流値に対応する変流器の設計出力電圧の 　ウ 　％の電圧を加えた場合、1 秒以内に作動するものでなければならない。

(1)　ア：52　イ：30　ウ：75

(2)　ア：42　イ：30　ウ：90

(3)　ア：52　イ：60　ウ：75

(4)　ア：42　イ：60　ウ：90

# ☑ <実　技>

☑ **問1**　次の変流器を構造上から分類した場合のそれぞれの名称を語群から選び記号で答えなさい。

① ② ③ ④

　＜語群＞
　ア：屋外型貫通形
　イ：屋外型分割形
　ウ：屋内型貫通形
　エ：屋内型分割形

☑ **問2**　次に示す写真の工具について、それぞれの名称と用途を答えなさい。

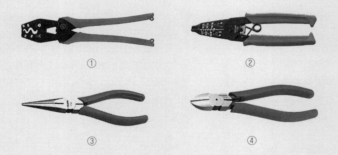

① ②

③ ④

☑ **問3**　次の図は漏電火災警報器の設置状況を示したものである。次の各設問に答えなさい。
　(1)　配線上の誤りを二つ指摘し、その理由をそれぞれ答えなさい。
　　　　①誤り一つ目
　　　　②誤り二つ目

(2)　図のように誘導防止用としてコンデンサを受信機の変流器接続端子及び操作電源端子に接続する以外に誘導障害を防止する方法を一つ答えなさい。

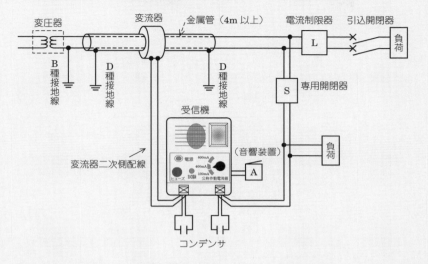

☑問4　次の図は漏電火災警報器の「ある試験」を行うところを示したものである。図について次の各設問に答えなさい。

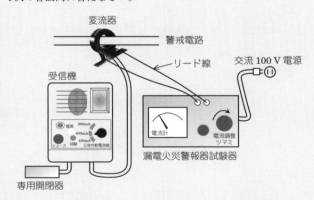

(1)　この試験の名称を答えなさい。
(2)　総合点検において受信機の感度調整装置を 400 mA に設定してこの試験を行った場合の合格となる作動電流値の範囲を答えなさい。

☑**問5** 次の図は、漏電火災警報器の設置状況の回路図の一部であるが、配線上の誤りを二つ指摘し、その理由をそれぞれ答えなさい。

(1) 誤り一つ目

(2) 誤り二つ目

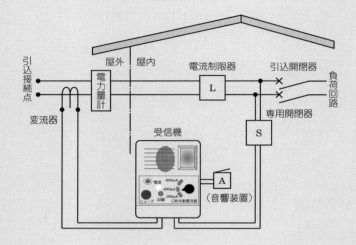

# 模擬試験（第1回）　解答

## ＜筆　記＞

☑ **問1**　解答－（1）

　　　　解説　ガス漏れ火災警報設備は、液化石油ガスの保安の確保及び取引の適正化に関する法律に規定する液化石油ガス販売事業によりその販売がされる液化石油ガスの漏れを検知するためのものも除かれています。

☑ **問2**　解答－（3）

　　　　解説　既存の防火対象物に設置されている消防用設備等のうち、技術上の基準の施行又は適用の際、遡及されることとなる自動火災報知設備及びガス漏れ火災警報設備は、次のとおりとなっています。

| 自動火災報知設備 | 令別表第1（1）項から（4）項、（5）項イ、（6）項、（9）項イ、（16）項イ及び（16の2）項から（17）項までに掲げる防火対象物のもの |
|---|---|
| ガス漏れ火災警報設備 | 令別表第1（1）項から（4）項まで、（5）項イ、（6）項、（9）項イ、（16）項イ、（16の2）項及び（16の3）項に掲げる防火対象物、並びにこれらの防火対象物以外の防火対象物で令第21条の2第1項第3項に掲げるもの |

☑ **問3**　解答－（2）

　　　　解説　硝酸は、第6類の酸化性液体に該当します。

☑ **問4**　解答－（3）

　　　　解説　必要とされる防火安全性能を有する消防の用に供する設備等に係る工事又は整備行うことができる資格については、各類の区分に応じて、消防庁告示により定められています。乙種消防設備士であっても、種別に応じ、指定された設備の整備を行うことができます。

☑ **問5**　解答－（2）

　　　　解説　消防設備士又は消防設備点検資格者が点検を行う必要のある防火対象物は、次のようにされています。

| 区分 | 防火対象物 |
|---|---|
| （1） | 特定防火対象物で、延べ面積が1000 m²以上のもの。 |
| （2） | 特定防火対象物以外の防火対象物で、延べ面積が1000 m²以上のもののうち、消防長又は消防署長が火災予防上必要があると認めて指定したもの。 |
| （3） | 令別表第1（1）項から（4）項まで、（5）項イ、（6）項及び（9）項イに掲げる防火対象物の用途に供される部分が避難階以外の階から避難階又は地上に直通する階段（傾斜路を含む）が2（当該階段が屋外に設けられている階段、特別避難階段及び消防庁長官の定める屋内避難階段等（平14消告7）が設けられている場合にあっては、1）以上設けられていないもの。 |
| 対象外 | 舟車（令別表第1（20）項に掲げる防火対象物） |

☑ **問6**　解答－（4）

解説　建造中の旅客船の場合、防火管理者の選任が必要なものは、甲板数が 11 以上のもののうち、ぎ装中のものであって収容人員が 50 人以上のものとされています。

☑ **問 7**　解答 −（2）

解説　漏電火災警報器の設置対象の建築物（防火対象物）は、令第 22 条に規定されています。（1）の小売り物品販売店は、令別表第 1（4）項に該当し、延べ面積 300 m² 以上又は契約電流容量 50 A 以上とされています。（2）のカラオケボックスは、令別表第 1（2）項に該当し、延べ面積 300 m² 以上又は契約電流容量 50 A 以上とされています。（3）の倉庫は、令別表第 1（14）項に該当し、延べ面積 1000 m² 以上とされています。（4）の養護老人ホームは、令別表第 1（6）項に該当し、延べ面積 300 m² 以上又は契約電流容量 50 A 以上とされています。

☑ **問 8**　解答 −（4）

解説　規則第 24 条の 3 第 3 項第 1 号で、変流器を B 種接地線に設けるものにあっては、当該接地線に流れることが予想される電流以上の電流値を有するものを設けることとされています。

☑ **問 9**　解答 −（2）

解説　漏電火災警報器の設置対象の建築物（防火対象物）は、令第 22 条に規定されていますが、一般の戸建て住宅は対象外です。

☑ **問 10**　解答 −（4）

解説　漏電火災警報器の設置義務が生じる構造要件は、「間柱、根太、天井野縁又は下地を準不燃材料以外の材料で造ったラスモルタル造り（鉄網入り）の壁、床又は天井を有する建築物」です。

☑ **問 11**　解答 −（4）

解説　並列接続された合成静電容量は、各静電容量を足した値になります。
$$5 + 12 + 20 = 37 \, \mu F$$

☑ **問 12**　解答 −（2）

解説　絶縁抵抗計で測定した値（絶縁抵抗値）が大きいほど、電気を通しにくいので感電の危険性は少なくなります。

☑ **問 13**　解答 −（1）

解説　スイッチ S が開いている場合の合成抵抗は $2 + 6 = 8\,\Omega$、$I = \dfrac{V}{R}$ より $I = \dfrac{E}{8}$ が成立します。次に 2 倍ということは合成抵抗が $8 \div 2 = 4\,\Omega$ となるので
$$4 = 2 + \left\{ 1 \div \left( \frac{1}{6} + \frac{1}{R} \right) \right\} = 6 + 2R$$

よって、$12 = 4R$ より、$R = 3\,\Omega$ となります。

☑ **問 14**　解答 – (4)

　　解説　ホイートストンブリッジ回路の平衡条件における抵抗の関係式は $PR = SQ$
　　　　です。

$$100 \times 20 = S \times 10$$

　　　　よって、$S = 200\,\Omega$ となります。

☑ **問 15**　解答 – (2)

　　解説　消費電力は、有効電力 $P$ のことをいい、$P = EI \cos\theta$ より

$$力率 \cos\theta = \frac{P}{EI}$$
$$= \frac{600}{100 \times 10}$$
$$= 0.6 = 60\,\%$$

　　　　となります。

☑ **問 16**　解答 – (2)

　　解説　検出漏洩電流設定値は、建築物の警戒電路の負荷、電線こう長等を考慮し
　　　　て 100 〜 400 mA（B 種接地線に設けるものは 400 〜 800 mA）の範囲内
　　　　に設定することとされています。

☑ **問 17**　解答 – (1)

　　解説　600 V ビニル絶縁電線（IV 線）を漏電火災警報器の配線として使用する
　　　　場合は、(1) の配線の場合は 1.6 mm 以上、(2) 及び (3) の配線の場合
　　　　は、1.0 mm 以上、(4) の配線の場合は 2.0 mm 以上です。

☑ **問 18**　解答 – (4)

　　解説　誤報の原因と関係のないものを選択します。(1) は、湿気が多い場所に
　　　　設置されているということは、「警戒電路の絶縁状態が悪い」という状況
　　　　になるので、誤報の原因になります。(3) 警戒電路の電線こう長が増大
　　　　すると対地静電容量による充電電流が増えるので、誤報の原因になりま
　　　　す。(4) は検出漏洩電流設定値が大きい場合は、漏洩電流の検出が鈍く
　　　　なるので、誤報ではなく不作動の原因になります。

☑ **問 19**　解答 – (2)

　　解説　消防用設備等の各回路（電源回路、操作回路、表示灯回路、警報回路、感
　　　　知器回路、附属装置回路、その他の回路）と大地間の絶縁抵抗値は、次
　　　　ページの表の左欄に掲げる使用電圧の区分に応じ、それぞれ右欄の数値
　　　　以上であることとされています。

| 電路の使用電圧の区分 | | 絶縁抵抗値〔MΩ〕 |
|---|---|---|
| 300 V 以下 | 対地電圧が 150 V 以下のもの | 0.1 |
| | 対地電圧が 150 V を超え 300 V 以下のもの | 0.2 |
| 300 V を超えるもの | | 0.4 |

よって、第 2 工場の三相 400 V が 0.4 MΩ という条件を満たしていません。

☑ **問 20**　解答 - (4)

解説　(1) 変流器は、常時は巻線内を貫通する電線による磁束どうしが打ち消し合い、巻線に起電力が生じないため、零相変流器と呼ばれています。

(2) 変流器の貫通孔には、警戒電路の電線をすべて通します。

(3) そのとおりです。

(4) 二次側回路のインピーダンスが変化しても一次電流（貫通孔を貫通する警戒電路の電流）が影響を受けて変化することはありません。

☑ **問 21**　解答 - (3)

解説　操作電源は、他の消防用設備等の電源であっても共有してはならず、専用回路として分岐する必要があります。

☑ **問 22**　解答 - (1)

解説　72 dB - 69 dB = 3

表より補正値は - 3 ですので、72 - 3 = 69 dB。

☑ **問 23**　解答 - (1)

解説　(1) は変流器の 2 次側配線相互間をできるだけ隔離するのではなく、二次側配線相互間を密着し、かつ、配線こう長をできるだけ短くする必要があります。

☑ **問 24**　解答 - (3)

解説　受信機の漏洩電流検出試験は、漏洩電流検出器等により変流器の検出漏洩電流設定値に近い電流を徐々に流したとき、漏洩電流検出設定値の 40 ％以上 105 ％以下で受信機が作動することを確認します。

☑ **問 25**　解答 - (2)

解説　漏電火災警報器の音響装置については、規格省令で、定格電圧で 8 時間連続して鳴動させた場合と定められています。

☑ **問 26**　解答 - (1)

解説　公称作動電流値は、規格省令第 7 条において「漏電火災警報器の公称作動電流値（漏電火災警報器を作動させるために必要な漏洩電流の値として製造者によって表示された値をいう。以下同じ）は、200 mA 以下でなければならない」と定められています。

☑ **問 27** 解答 − (4)

解説　受信機本体に表示する事項として、規格省令第9条で定められています。
①漏電火災警報器受信機という文字
②届出番号
③定格電圧
④電源周波数
⑤公称作動電流値
⑥作動入力電圧
⑦製造年
⑧製造者名、商標又は販売者名
⑨集合型受信機にあっては警戒電路の数
⑩端子板には、端子記号（電源用の端子にあっては、端子記号及び交流又は直流の別）並びに定格電圧及び定格電流
⑪部品には、部品記号（その付近に表示した場合を除く）
⑫スイッチ等の操作部には、「開」、「閉」等の表示及び使用方法
⑬ヒューズホルダには、使用するヒューズの定格電流
⑭接続することができる変流器の届出番号
⑮その他取扱い上注意するべき事項

☑ **問 28** 解答 − (4)

解説　変流器の機能試験は、規格省令第11条において、「変流器に接続される受信機の公称作動電流値を試験電流として流した場合、その出力電圧値の変動範囲は、当該公称作動電流値に対応する設計出力電圧値の75％から125％までの範囲内であること」と定められています。

☑ **問 29** 解答 − (2)

解説　変流器の電路開閉試験は、規格省令第13条において、「変流器は、出力端子に負荷抵抗を接続し、警戒電路に当該変流器の定格電流の150％の電流を流した状態で警戒電路の開閉を1分間に5回繰り返す操作を行った場合、その出力電圧値は、接続される受信機の公称作動電流値に対応する設計出力電圧値の52％以下でなければならない」と定められています。(3)は変流器の過漏電試験、(4)は変流器の機能試験についての記述です。

☑ **問 30** 解答 − (1)

解説　受信機の機能は、規格省令第27条において、「受信機は、信号入力回路に公称作動電流値に対応する変流器の設計出力電圧の52％の電圧を加えた場合、30秒以内で作動せず、かつ、公称作動電流値に対応する変流器の設計出力電圧の75％の電圧を加えた場合、1秒以内に作動するものでなければならない」と定められています。

## ＜実　技＞

☑ **問 1**　解答－①ア　②エ　③イ　④ウ

解説　屋外型の特徴は、端子台がなく電線が接続されています。一方、屋内型の特徴は、電線がなく端子台があります。また、分割型は変流器を二つに分割した後にもとの状態に戻すためのねじがあります。

☑ **問 2**　解答－①名称：圧着ペンチ

用途：電線と圧着端子を圧縮結合するために用いる。

②名称：ワイヤストリッパ

用途：電線の被覆のみをはがすために用いる。

③名称：ラジオペンチ

用途：切る、曲げる、挟むなど電子機器の配線や部品をつかむ。

④名称：ニッパー

用途：配線を切断するために用いる。

☑ **問 3**　解答－（1）

①変流器より変圧器側の金属管に接続した D 種接地線が誤り。

理由：金属管内で漏電が発生した場合、その漏洩電流が変圧器側の D 種接地線を通じて大地に流れると、漏洩電流が変流器内を往復するだけで、磁束が打ち消され、漏電を検出できない場合がある。

②受信機と専用開閉器の間の負荷を取り外す。

理由：受信機の電源（操作電源）は、電流制限器又は電流制限器を設けていない場合にあっては、主開閉器の一次側から専用回路として分岐しなければならない。図のような配線は、専用回路ではない。

（2）（以下の①～④のうち一つを記載していること）

①変流器の二次側配線に、金属遮へい（シールド）電線を使用して、シールド部分を設置して静電誘導を防止する。

②変流器の二次側配線に、鉄鋼、鋼製パイプなどを使用し金属管工事を施す。

③変流器の二次側配線にシールドケーブルなどを使用する又は二次側配線相互間を密着し、かつ、配線こう長をできるだけ短くする。

④大電流回路からできるだけ距離を離す。

解説　(1)　①金属管の変圧器側（電源側）にD種接地線を設けている場合は、変流器の負荷側にD種接地線を移すか、変流器の取付位置を金属管以外の所に変える必要があります。

②開閉器には、漏電火災警報器用のものである旨を表示（白地に赤文字）することとされています。

☑ **問4**　解答 - (1)　漏洩電流検出試験

(2)　**160 ～ 440 mA**

解説　毎年行う総合点検における作動電流値の範囲は、公称作動電流値（作動電流設定値）の40 %以上110 %以下の範囲であることとされています。したがって400 mA×40 % ～ 400 mA×110 %の範囲になります。

☑ **問5**　解答 - (1)　**変流器の設置方法として、警戒電路の1線だけを貫通させているのが誤り。変流器の貫通孔には警戒電路のすべての線を貫通させる必要がある。**

(2)　**受信機の操作電源の分岐位置が誤り。操作電源は、電流制限器又は電流制限器を設けていない場合にあっては、主開閉器の一次側から専用回路として分岐する必要がある。**

解説　この場合の漏電火災警報器の正しい設置方法は次の図のとおりです。

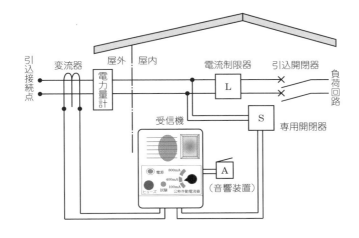

# レッスン 2 模擬試験（第2回）

## ✓ ＜筆　記＞

### 1 消防関係法令

＜共通部分＞

**✓ 問1** 次のものは、消防用設備等及び特殊消防用設備等に関する記述であるが、消防法令上誤っているものはどれか。

(1) 法第17条第1項の消防用設備等には、通常用いられる消防用設備等と必要とされる防火安全性能を有する消防の用に供する設備等がある。

(2) 特殊消防用設備等は、当該設備を設置する防火対象物ごとに総務大臣の認定を受ける必要がある。

(3) 必要とされる防火安全性能を有する消防の用に供する設備等には、特定駐車場に設置することのできる特定駐車場用泡消火設備がある。

(4) 特殊消防用設備等の場合、設置届出、消防検査、点検結果の報告等は、総務大臣に対して行う必要がある。

**✓ 問2** 次のものは、防火対象物に対する立入検査、火災予防措置等に関する記述であるが、消防法令上誤っているものはどれか。

(1) 消防長は、常勤の消防団員に対して、関係のある場所に立ち入って検査させ、関係のある者に質問させることができる。

(2) 消防署長は、防火対象物の状況が消火、避難その他の消防の活動に支障になると認める場合、管理権原者に対し必要な措置をなすべきことを命ずることができる。

(3) 消防本部を置かない村の村長は、消防事務に従事する職員に対し、関係のある場所に立ち入って検査させ、関係のある者に質問させることができる。

(4) 消防長の命により、関係のある場所に立入検査をした消防職員は、関係のある者の請求があれば、身分証明書の提示が必要である。

**✓ 問3** 次のものは、消防用設備等の設置規制に関する記述であるが、消防法令上誤っているものはどれか。

(1) 防火対象物が開口部のない耐火構造の床又は壁で区画されているとき、その区画された部分は、消防用設備等の技術上の基準の適用において、それぞれ別の防火対象物とみなされる。

(2) 複合用途防火対象物に対する消防用設備等の設置、維持に関する技術上の基準の適用は、原則として、当該防火対象物を1の防火対象物とみなして適用される。

(3) 地下街の場合は、いくつかの用途に供されていても、地下街全体が令別表第1（16の2）項に掲げる防火対象物として消防用設備等に関する技術上の基準が適用される。

(4)　防火対象物と防火対象物が渡り廊下、地下連絡路又は洞道（換気、暖房又は冷房の設備の風道、給排水管、配電管などの配管類、電線類など）で接続されている場合は、原則として1棟と取り扱われる。

☑**問4**　次のものは、消防用設備等に関する記述であるが、消防法令上誤っているものはどれか。
(1)　消火設備は、水その他消火剤を使用して消火を行う機械器具又は設備であり、連結散水設備が含まれる。
(2)　避難設備は、火災が発生した場合において避難するために用いる機械器具又は設備であり、誘導標識が含まれる。
(3)　消防活動上必要な施設は、消防機関の消防隊が使用するものであり、非常コンセント設備が含まれる。
(4)　警報設備は、火災の発生を報知する機械器具又は設備であり、消防機関へ通報する火災報知設備が含まれる。

☑**問5**　次のものは、消防用設備等の認定制度又は消防用機械機具等の検定制度に関する記述であるが、消防法令上誤っているものはどれか。
(1)　検定に合格した旨の表示が付されていないと販売を目的とした展示や販売を行うことはできない。
(2)　消防用設備等又はこれらの部分である機械器具に登録認定機関の認定マークが付されているものは、消防検査において技術上の基準に適合しているものとして扱われる。
(3)　検定は、総務大臣による型式承認及び日本消防検定協会又は登録検定機関による型式適合検定の2段階で行われる。
(4)　登録認定機関の認定マークの様式は、特に定められていないので、登録認定機関が独自のデザインとすることができる。

☑**問6**　次のものは、消防用設備等の点検及び報告に関する記述であるが、消防法令上誤っているものはどれか。
(1)　消防用設備等の点検は、機能点検と総合点検に分けて行う。
(2)　消防用設備等に関する点検基準及び点検要領は、消防庁告示及び消防庁予防課長の通知により示されている。
(3)　消防用設備等の点検は、総合点検にあっては6か月に1回、また機能点検にあっては1年に1回行う。
(4)　消防用設備等の点検結果の報告は、特定防火対象物の場合は1年に1回、また、非特定防火対象物の場合は3年に1回、消防長等に行う。

## ＜漏電火災警報器に関する部分＞

☑ 問 7　漏電火災警報器の設置方法に関する記述として、誤っているのは次のうちどれか。
　(1)　音響装置は、守衛室など常時人がいる場所に設けること。
　(2)　受信機は、点検が容易にできる位置に設けること。
　(3)　変流器は、電気室の B 種接地線に点検が容易にできる箇所に設けてもよい。
　(4)　変流器は、原則として屋内の電路に設置すること。

☑ 問 8　防火対象物の規模（延べ面積）や契約電流容量に関係なく、漏電火災警報器の設置が義務付けられていない建築物（用途）は次のうちどれか。
　(1)　工場又は作業場
　(2)　駐車場
　(3)　神社
　(4)　地下街

☑ 問 9　漏電火災警報器の音響装置について、最も適切なものは次のうちどれか。
　(1)　音響装置は、音声による警報ではなく、ブザーによる警報であること。
　(2)　音響装置は、防災センター等に設けること。
　(3)　音響装置は、自動火災報知設備の主音響装置に代わることができる。
　(4)　音響装置の音圧及び音色は、他の警報音又は騒音と混在するように設けること。

☑ 問 10　漏電火災警報器の変流器の設置について、誘導障害に対する注意事項として、誤っているものは次のうちどれか。
　(1)　変流器の二次側配線は、誘導障害の影響を与えるような大電流回路を有する機器からはできるだけ離すこと。
　(2)　変流器には鉄板等で磁気遮へいを施すこと。
　(3)　変流器の二次配線には、遮へいシールドのある電線やケーブルを用い、当該シールドは接地工事を施すこと。
　(4)　変流器の取付金具に B 種接地工事を行うこと。

### 2 基礎的知識

#### ＜電気に関する部分＞

☑ 問11　AB 間の電気抵抗値として、正しいものは次のうちどれか。

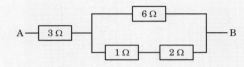

(1)　5Ω

(2)　7Ω

(3)　9Ω

(4)　12Ω

☑ 問12　電流と電圧を測定の際、測定範囲を拡大する方法の説明について次の文中の空欄にあてはまる語句の組合せとして、正しいものはどれか。

　電流計の測定範囲を拡大させるためには、　ア　と呼ばれる抵抗を電流計と　イ　に接続する必要があり、また、電圧計の測定範囲を拡大させるためには、　ウ　と呼ばれる抵抗を電圧計と　エ　に接続する必要がある。

(1)　ア：倍率器　イ：直列　ウ：分流器　エ：並列

(2)　ア：倍率器　イ：並列　ウ：分流器　エ：直列

(3)　ア：分流器　イ：直列　ウ：倍率器　エ：並列

(4)　ア：分流器　イ：並列　ウ：倍率器　エ：直列

☑ 問13　正弦波交流について、誤っているものは次のうちどれか。

(1)　正弦波交流の電圧の平均値は、その最大値の $\dfrac{2}{\pi}$ 倍である。

(2)　インダクタンスだけの回路に正弦波交流の電圧を加えると電流の位相は電圧の位相よりも $\dfrac{\pi}{2}$ rad だけ遅れる。

(3)　正弦波交流の電圧の実効値は、その最大値の $\dfrac{\sqrt{2}}{\pi}$ 倍である。

(4)　静電容量だけの回路に、正弦波交流の電圧を加えると、電流の位相は電圧の位相よりも $\dfrac{\pi}{2}$ rad だけ進む。

☑問14 図に示す回路において、検流計 G の指示値が 0 A を示した。このときの抵抗 D の値を計算する式として、正しいものは次のうちどれか。

(1) $D = \dfrac{BC}{A}$

(2) $D = \dfrac{AB}{C}$

(3) $D = \dfrac{CA}{B}$

(4) $D = \dfrac{A}{BC}$

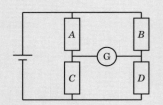

☑問15 100 V の単相交流電源に有効電力 1000 W、力率 50 % の負荷を接続した場合に流れる電流について、正しいものは次のうちどれか。
(1) 10 A
(2) 20 A
(3) 40 A
(4) 50 A

## 3 構造・機能・整備
### ＜電気に関する部分＞

☑問16 漏電火災警報器は、警戒電路に発生したどのような現象により作動することとされているのか、正しいものは次のうちどれか。
(1) 地絡
(2) 短絡
(3) 反相
(4) 感電

☑問17 変圧器についての記述のうち、正しいものは次のうちどれか。
(1) 2台の単相変圧器を使って相電圧を降圧することはできるが、昇圧することはできない。
(2) 変圧器の容量は、kW で表される。
(3) 変圧器は直流電圧の昇降もできるが、効率が悪いので普通は使用しない。
(4) 変圧器に油を入れるのは、絶縁と冷却が目的である。

☑ **問 18**　交流回路に接続されている負荷設備に電圧計や電流計を使用する方法として、正しいものは次のうちどれか。
- (1)　電圧計は内部抵抗が大きいので、負荷に対して並列に接続する。
- (2)　電流計は内部抵抗が大きいので、負荷に対して直列に接続する。
- (3)　電圧計は内部抵抗が小さいので、負荷に対して並列に接続する。
- (4)　電流計は内部抵抗が小さいので、負荷に対して並列に接続する。

☑ **問 19**　漏電火災警報器を設置する警戒電路の定格電流と最も関係のあるものは、次のうちどれか。
- (1)　負荷設備の力率
- (2)　警戒電路の契約電流容量
- (3)　負荷設備の容量の合計
- (4)　負荷設備の電線全長

☑ **問 20**　漏電火災警報器の受信機について、誤っているものは次のうちどれか。
- (1)　増幅部は、変流器からの入力信号を増幅して継電器を働かせるための部分である。
- (2)　入力保護部に使われるダイオードは、一定電圧以下の場合は絶縁体となっているが、一定電圧を超える電圧が加わった場合には導体となる。
- (3)　電源電圧切替部は、作動電流値を設定（調整）するための切替回路である。
- (4)　変圧部及び整流部は、増幅部を駆動するための電源装置である。

☑ **問 21**　漏電火災警報器の変流器の機器点検について、必要のないものは次のうちどれか。
- (1)　B 種接地線に設けられた変流器にあっては、変流器の表示された定格電流値が警戒電路の定格電圧の数値の 20 ％に相当する数値以上の電流値であることを確認する。
- (2)　低圧幹線の引込口から変流器までの電路の変更工事等により未警戒の電路が生じていないことを確認する。
- (3)　変流器の二次側配線が規定の長さであることを確認する。
- (4)　警戒電路に設けられた変流器にあっては、変流器に表示された定格電流値が警戒電路の最大負荷電流値以上であることを確認する。

☑ **問 22**　漏電火災警報器の漏洩電流検出試験を漏電火災警報器試験器を使用して行った結果、漏電ランプが点灯せず、警報音も鳴動しなかった。その際の整備方法として、正しいものは次のうちどれか。ただし、漏電火災警報器試験器による漏洩電流は確実に流れているものとする。

(1) 受信機のみを点検して、不具合があれば修理をする。

(2) 変流器のみを点検して、不具合があれば修理をする。

(3) 受信機及び変流器の両方を点検して、不具合があれば修理をする。

(4) 警戒電路の絶縁抵抗を測定する。

☑問23 漏電火災警報器の総合点検について、誤っているものは次のうちどれか。

(1) 住宅地以外などのほかの騒音が多くブザーが鳴動しなくても騒音計の指針が振れている場合では、補正表を用いて補正を行うこととする。

(2) 漏洩電流検出試験には、漏電火災警報器試験器を用いる方法のほか、漏電遮断器試験器を用いる方法や各種の測定器を組み合わせて現場で回路を構成する方法がある。

(3) 漏洩電流検出試験中は、負荷をできるだけ多くして測定するのが望ましい。

(4) 漏洩電流検出試験を実施するときは、漏電火災警報器の作動電流設定値を最小値としてから行うこと。

☑問24 漏洩電流が流れていないにもかかわらず、漏電火災警報器が警報を発する主な原因として、考えられないものは次のうちどれか。

(1) 変流器の二次側配線の絶縁状態が悪い場合

(2) 電気的誘導の影響がある場合

(3) 雷の影響がある場合

(4) 変流器の二次側配線と操作電源線との静電誘導の影響がある場合

＜規格に関する部分＞

☑問25 漏電火災警報器の一般構造について、誤っているものは次のうちどれか。

(1) 充電部は、外部から容易に人が触れることができること。

(2) 端子以外の部分は、堅ろうなケースに収めなければならない。

(3) 端子（接地端子及び配電盤等に取り付ける埋込用の端子を除く）には、適当なカバーを設けること。

(4) 定格電圧が 60 V を超える変流器又は受信機の金属ケースには、接地端子を設けなければならない。

☑問26 漏電火災警報器の周囲温度試験における試験温度の条件について、規格省令上、正しいものは次のうちどれか。

(1) 受信機：零下 10 度から 50 度まで　　変流器（屋内型）：零度から 60 度まで

(2) 受信機：零下 10 度から 40 度まで　　変流器（屋外型）：零下 20 度から 60 度まで

(3) 受信機：零度から 40 度まで　　　　　変流器（屋内型）：零下 10 度から 60 度まで

(4) 受信機：零下 10 度から 60 度まで　　変流器（屋外型）：零下 20 度から 60 度まで

☑問27 漏電火災警報器の変流器（屋外型）の防水試験について、正しいものは次のうちどれか。
(1) 温度65度の清水に15分間浸し、温度零度の塩化ナトリウムの飽和水溶液に15分間浸す操作を2回繰り返す。
(2) 65度の温度の空気中に30日間放置する。
(3) 清水を3mm/分の割合で前上方角度45度の方向から一様に60分間雨状で吹き付ける。
(4) 変流器の外面に3％の塩化ナトリウム水溶液を直径9cmの水平面積あたり1mℓ以上、3mℓ以下となるように1日1回30秒間ずつ3日間霧状で吹き付ける。

☑問28 漏電火災警報器の変流器の振動試験について、正しいものは次のうちどれか。
(1) 全振幅4mmで毎分1000回の振動を任意の方向に60分間連続して与える。
(2) 通電状態において全振幅1mmで毎分1000回の振動を任意の方向に10分間連続して与える。
(3) 無通電状態において全振動4mmで毎分1000回の振動を任意の方向に60分間連続して与える。
(4) 通電状態において全振幅4mmで毎分1000回の振動を任意の方向に60分間連続して与える。

☑問29 漏電火災警報器の集合型受信機について、正しいものは次のうちどれか。
(1) 集合型受信機は、3以上の変流器と組み合わせて使用する受信機で、ひと組の電源装置、音響装置等で構成されたものをいう。
(2) 3の警戒電路で漏洩電流が同時に発生した場合、漏電表示及び警戒電路の表示を行うこと。
(3) 3以上の警戒電路で漏洩電流が連続して発生した場合、最大負荷に耐える容量を有すること。
(4) 外部配線の断線の有無を回線ごとに試験できる試験装置を有すること。

☑問30 漏電火災警報器の受信機の繰返し試験について、規格省令上、正しいものは次のうちどれか。
(1) 受信機は、定格電圧で10000回の漏電作動を行った場合、構造又は機能に異常を生じないものでなければならない。
(2) 受信機は、定格電圧で1000回の漏電作動を行った場合、構造又は機能に異常を生じないものでなければならない。
(3) 受信機は、定格電圧の90％で10000回の漏電作動を行った場合、構造又は機能に異常を生じないものでなければならない。
(4) 受信機は、無通電状態で10000回の漏電作動を行った場合、構造又は機能に異常を生じないものでなければならない。

1
学期
↓
筆記試験対策

2
学期
↓
実技試験対策

3
学期
↓
模擬試験

## ✓ <実 技>

✓問1　次の写真の機器の名称と用途を答えなさい。

① ② ③

✓問2　次の図は、漏電火災警報器の設置方法を示したものである。適切な設置方法には
　　　○、誤っているものには×で答えなさい。

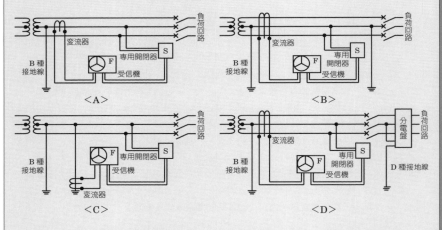

✓問3　次の図は、漏電火災警報器を設ける警戒電路である。次の各設問について答えな
　　　さい。

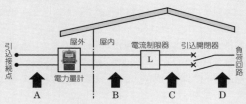

(1)　変流器を設置する場合、最も不適切な場所として図のA〜Dのうちどれか答えなさい。

(2)　受信機の操作電源を設ける場合、図のA〜Dのうち最も適当な分岐場所はどれか答えなさい。

☑問4　次の写真に示す機器の名称として、正しいものを語群の中から選び記号で答えなさい。

＜語群＞

ア：漏電火災警報器試験器

イ：電磁継電器

ウ：集合型受信機

エ：クランプメーター

☑問5　漏電火災警報器の変流器の銘板より、型式、警戒電路の電圧、設計出力電圧についてそれぞれ答えなさい。

| △△△株式会社 | 製造年月　2017年1月製 |
| --- | --- |
| 漏電火災警報器変流器　屋外型 | 品番 ABC−123 |
| 届出番号　　Z○○○○○○○ | |
| 定格　　　　600 V 100 A 50/60 Hz | |
| 警戒電路　　単相／三相 | |
| 設計出力電圧　30 mV/50 mA | |

(1)　型式：

(2)　警戒電路の電圧：

(3)　設計出力電圧：

## ＜筆　記＞

☑ **問 1**　解答 −（4）

解説　特殊消防用設備等は、消防用設備等と同様に「設置維持義務」、「設置時における消防長又は消防署長への届出及び検査」、「点検及びその結果の消防長又は消防署長への報告義務」、「消防長又は消防署長の設置維持命令」などの対象となります。

☑ **問 2**　解答 −（1）

解説　消防長又は消防署長が、関係のある場所に立ち入って検査させ、関係のある者に質問させることができるのは、消防職員となっています。一方、消防本部を置かない市町村は、市町村長が消防事務に従事する職員又は常勤の消防団員に対して行うこととなっています。

☑ **問 3**　解答 −（2）

解説　複合用途防火対象物（令別表第 1(16) 項に掲げる防火対象物）については、令別表第 1（1）項から（15）項までに掲げる防火対象物の用途に該当する部分の消防用設備等の設置、維持に関する技術上の基準の適用は、原則として、その用途に供される部分をそれぞれ 1 の防火対象物とみなして適用されます。

　　　ただし、スプリンクラー設備、自動火災報知設備、ガス漏れ火災警報設備、漏電火災警報器、非常警報設備、避難器具及び誘導灯については、この例外が適用されず、全体を 1 の防火対象物として設置が義務付けられます。

☑ **問 4**　解答 −（1）

解説　連結散水設備は、消火活動上必要な施設に該当し、消火設備には該当しません。

☑ **問 5**　解答 −（4）

解説　認定マークの様式については、消防法令により次のように定められている。

☑ **問 6**　解答 −（3）

解説　消防用設備等の点検は、機能点検にあっては 6 か月に 1 回、総合点検にあっては 1 年に 1 回行うこととされています。

☑ **問 7**　解答 −（4）

解説　変流器は、建築物に電気を供給する屋外の電路（建築構造上屋外の電路

☑ **問 8**　解答 −（2）

　　解説　駐車場は、令別表第 1（13）項イに該当する防火対象物であるが、漏電火災警報器の設置は義務付けられていません。

☑ **問 9**　解答 −（2）

　　解説　音響装置の警報の種類については、特に決まりはなく、防災センターなどに設置し、音圧及び音色はほかの警報音又は騒音と明らかに区別して聞き取ることができるように設けることとされています。

☑ **問 10**　解答 −（4）

　　解説　漏電火災警報器（受信機）の誤報の原因には、変流器に誤誘導信号が入ることにより起こる場合がありますが、変流器の取付金具には電気的な意味はなく、接地線工事を実施してもその対策にはなりません。

☑ **問 11**　解答 −（1）

　　解説　$1 + 2 = 3\ \Omega$。$1 \div \left( \dfrac{1}{3} + \dfrac{1}{6} \right) = 2\ \Omega$。$2 + 3 = 5\ \Omega$。

☑ **問 12**　解答 −（4）

　　解説　電流計の場合、電流計と並列に分流器（抵抗）を接続し、その分流器（抵抗）に測定電流の大部分を流すことにより測定範囲を拡大できます。

☑ **問 13**　解答 −（3）

　　解説　正弦波交流の実効値 $E$ と最大値 $E_m$ の関係式は、$E = \dfrac{E_m}{\sqrt{2}}$ です。よって最大値の $\dfrac{\sqrt{2}}{\pi}$ 倍は誤りです。$\dfrac{1}{\sqrt{2}}$ 倍が正しい。

☑ **問 14**　解答 −（1）

　　解説　ホイートストンブリッジ回路の平衡条件の関係式は、$AD = BC$ なので $D = \dfrac{BC}{A}$ となります。

☑ **問 15**　解答 −（2）

　　解説　有効電力は $P = EI \cos \theta$ より、電流は、$I = \dfrac{P}{E \cos \theta}$ で求められます。

$$I = \dfrac{1000}{100 \times 0.5} = 20\ \text{A}$$

☑ **問 16** 解答 – (1)

解説 (1) の地絡は、漏電と同じ現象をいい、絶縁された電路で、絶縁不良その他の原因によって電路から建築物などを通って大地に電流が流れる現象です。

☑ **問 17** 解答 – (4)

解説 変圧器に油を入れるのは、絶縁と冷却が目的です。
(1) 単相変圧器での降圧、昇圧はともにできます。
(2) 変圧器の容量は、V・A 又は kV・A で表されます。
(3) 変圧器は直流を変圧することはできません。

☑ **問 18** 解答 – (1)

解説 電圧計は、内部抵抗が大きいので負荷に対して並列に接続します。また、電流計は、内部抵抗が小さいので負荷に対して直列に接続します。

☑ **問 19** 解答 – (3)

解説 警戒電路の定格電流とは、運転中の最大負荷電流を意味しており、負荷設備の容量の合計が関係してきます。

☑ **問 20** 解答 – (3)

解説 受信機の各内部回路に関する説明問題で、内部回路構成は次のようになっています。(3) は感度切替部の説明であり、電源電圧切替部の説明ではありません。

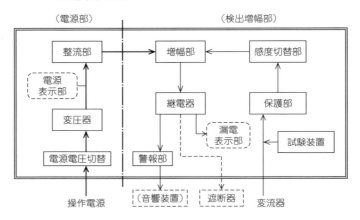

☑ **問 21**　解答 − (3)

解説　(1) は、警戒電路に設置した変流器について、その定格電流値が適切であるかどうかの確認（点検）です。

(2) は、未警戒電路がないかどうかの確認（点検）です。

また (4) は、B 種接地線に変流器を設置した場合についての確認です。いずれも、点検要領に記載されており、必要な点検項目です。

(3) の変流器の二次側配線について、その長さに規定はありません。

☑ **問 22**　解答 − (3)

解説　漏洩電流検出試験の結果として、受信機の漏電表示（漏電ランプ）が点灯せず、また音響装置から警報音が鳴動しないということは、受信機が故障しているか、変流器が故障していることが考えられます。

したがって、受信機と変流器の両方について異常がないかどうか確認（点検）する必要があります。

☑ **問 23**　解答 − (3)

解説　(1) は、音響装置の音圧測定時の留意事項で、暗騒音がブザー鳴動時の音圧と 9 dB 以下の差があるときに補正を行います。

(3) について、漏洩電流検出試験中は、負荷をできるだけ減らして測定するのが望ましいとされています。したがって誤り。

これらは、総務省消防庁から点検要領として通知（「消防用設備等の試験基準及び点検要領の一部改正について」（平成 25 年 7 月 25 日　消防予 第 297 号））されています。

☑ **問 24**　解答 − (1)

解説　(1) の場合、二次側配線の絶縁不良により変流器が短絡状態になり、漏電火災警報器が機能しなくなります。そのため、漏洩電流が流れたとしても、警報を発しません。

☑ **問 25**　解答 − (1)

解説　漏電火災警報器の一般構造における充電部については、規格省令において、外部から容易に人が触れるおそれのある部分は、十分に保護されていなければならないと定められています。

☑ **問 26**　解答 − (2)

解説　周囲温度試験の試験温度は、規格省令で次のように定められています。

受信機：零下 10 度から 40 度まで

変流器（屋内型）：零下 10 度から 60 度まで

変流器（屋外型）：零下 20 度から 60 度まで

☑ **問 27** 解答 − (1)

解説 防水試験の方法は、規格省令第 17 条で定められています。

(2) は、老化試験。

(3) は自動火災報知設備の感知器の散水試験。

(4) は自動火災報知設備の炎感知器の腐食試験です。

☑ **問 28** 解答 − (1)

解説 変流器の振動試験は、規格省令第 18 条において、「全振幅 4 mm で毎分 1000 回の振動を任意の方向に 60 分間連続して与えた場合、構造又は機能に異常を生じないものでなければならない」と定められています。

(2) 及び (3) は、漏電火災警報器の受信機の振動試験についての記述です。

☑ **問 29** 解答 − (4)

解説 集合型受信機は、2 以上の変流器と組み合わせて使用する受信機で、ひと組の電源装置、音響装置等で構成されたものをいい、規格省令で次のように定められています（警戒電路が 2 以上あれば、集合型受信機にします）。

①漏洩電流の発生した警戒電路を明確に表示する装置を設けること。

②上記①に規定する装置は、警戒電路を遮断された場合、漏洩電流の発生した警戒電路の表示が継続して行えること。

③2 の警戒電路で漏洩電流が同時に発生した場合、漏電表示及び警戒電路の表示を行うこと。

④2 以上の警戒電路で漏洩電流が連続して発生した場合、最大負荷に耐える容量を有すること。

☑ **問 30** 解答 − (1)

解説 受信機の繰返し試験は、規格省令第 31 条において、「受信機は、受信機の定格電圧で 10000 回の漏電作動を行った場合、構造又は機能に異常を生じないものでなければならない」と定められています。

## <実　技>

☑**問1**　解答−①接地抵抗計：接地極として使用する各種導体（電気製品）に対する接地抵抗（接触抵抗：接地極と大地の間の抵抗）を測定する測定器。

②絶縁抵抗計：電気製品の電気回路の対地間や線間の絶縁が保たれているかどうかの抵抗値を測定する絶縁抵抗試験に使用される測定器。

③漏電火災警報器試験器：漏電火災警報器の受信機の漏洩電流検出試験の際に用いる試験器。

解説　①長いコードと2本の補助接地極（棒）が付属されています。

②アース端子となるワニ口クリップと端子に接触させる棒状のものが特徴です。

③電流調整ツマミが特徴です。

☑**問2**　解答− A：×　B：×　C：×　D：×

解説　＜A＞変流器は警戒電路の電線をすべて貫通させる必要があります。

＜B＞＜C＞中性線の負荷電流により接地線間に電流が流れてしまい、変流器が誤作動します。

＜D＞は、中性線から分流器を介してD種接地線を設けており、結果的には＜B＞と同じ現象が起き、誤作動が生じます。

☑**問3**　解答−(1)　D　(2)　B

解説　変流器は、建築物に電気を供給する屋外の電路（Aの場所）、建築構造上屋外の電路に設けることが困難な場合にあっては、電路の引込口に近接した屋内の電路（Bの場所）又はB種接地線で、当該変流器の点検が容易な位置に堅固に取り付けることとされています。

☑**問4**　解答−ウ

解説　警戒電路の数が10の集合型受信機です。

☑**問5**　解答−(1)　型式：**屋外型、貫通形**

(2)　警戒電路の電圧：**600 V** 以下で定格電流 **100 A** 以下

(3)　設計出力電圧：**50 mA** において **30 mV**

解説　電路方式としてB種接地線に変流器を設置する場合（電路方式）は、100 A 以下の回路に設置します。

50 mA は、変流器の出力を表しています（受信機を接続して 50 mA の漏洩電流が流れたとき 30 mV の出力電圧）。

# レッスン 3 模擬試験（第3回）

## ✓ ＜筆　記＞

### 1 消防関係法令

#### ＜共通部分＞

✓ **問1** 消防法令において使用される「無窓階」の説明として、正しいものは次のうちどれか。
- (1) 避難上又は消火活動上有効な開口部を有しない階
- (2) 採光及び換気のための窓を有しない階
- (3) 避難上又は排煙上有効な開口部を有しない階
- (4) 排煙設備を有しない地下階

✓ **問2** 次に掲げる防火対象物の用途の組合せのうち、特定防火対象物に該当しないものの組合せはどれか。
- (1) 旅館・ホテル
- (2) 幼稚園・小学校
- (3) 料理店・飲食店
- (4) 映画館・カラオケボックス

✓ **問3** 次のものは、消防用設備等の設置届出及び消防検査に関する記述であるが、消防法令上誤っているものはどれか。
- (1) 工場や倉庫等の特定防火対象物ではない防火対象物に設置した消防用設備等であっても、消防長又は消防署長に届け出て検査を受けなければならない場合がある。
- (2) 特定防火対象物に簡易消火用具を設置した場合には、消防長又は消防署長に届け出て検査を受ける必要はない。
- (3) 消防用設備等の設置工事が完了した日から10日以内に、その旨を消防長又は消防署長に届け出て検査を受けなければならない。
- (4) 特定防火対象物で延べ面積が 300 m² 以上のものは、原則として、消防長又は消防署長に届け出て検査を受けなければならない。

✓ **問4** 次のものは、消防用設備等又は特殊消防用設備等の点検及び報告に関する記述であるが、消防法令上誤っているものはどれか。ただし、舟車は除く。
- (1) 消防法第17条に基づき設置された消防用設備等は定期的に点検し、その結果を消防署又は消防署長に報告しなければならない。
- (2) 延べ面積 1000 m² 以上の特定防火対象物の消防用設備等にあっては、消防設備士又は消防設備点検資格者が点検しなければならない。

(3)　防火対象物の関係者は、点検の結果を維持台帳に記録するとともに、その結果を5年に1回、消防長又は消防署長に報告しなければならない。

(4)　特殊消防用設備等の点検については、設備等設置維持計画により行う。

☑問5　次のものは、消防設備士に関する記述であるが、消防法令上誤っているものはどれか。

(1)　第4類甲種消防設備士は、自動火災報知設備の工事又は整備を行うことができる。

(2)　甲種消防設備士は、消防用設備等について一定の工事する場合には、その工事の着手日の5日前までに消防長又は消防署長に届け出る必要がある。

(3)　第1類乙種消防設備士は、スプリンクラー設備の整備を行うことができる。

(4)　消防設備士はその業務に従事するとき、免状を携帯する義務がある。

☑問6　次のものは、検定対象機械器具等又は自主表示対象機械器具等に関する記述であるが、誤っているものはどれか。

(1)　消防法に定める検定対象機械器具等は、住宅用防災警報器、閉鎖型スプリンクラーヘッド、緩降機などの12品目である。

(2)　消防法に定める検定対象機械器具等は、消火器、火災報知設備に用いる感知器、漏電火災警報器などの12品目である。

(3)　消防法に定める自主表示対象機械器具等は、動力消防ポンプ、消防用ホース、エアゾール式簡易消火具などの6品目である。

(4)　消防法に定める自主表示対象機械器具等は、消防用ホース、消防用吸管、エアゾール式簡易消火具などの6品目である。

## ＜漏電火災警報器に関する部分＞

☑問7　次のうち漏電火災警報器の設置義務がある防火対象物はどれか。なお、当該防火対象物の構造は、下地を準不燃材料以外で造ったラスモルタル造りの壁を有するものとする。

(1)　延べ面積250 m²、契約電流容量60 Aのカラオケボックス

(2)　延べ面積250 m²、契約電流容量30 Aの飲食店

(3)　延べ面積250 m²、契約電流容量60 Aの工場

(4)　延べ面積250 m²、契約電流容量60 Aの駐車場

☑問8　漏電火災警報器の変流器をB種接地線に設ける場合、検出漏洩電流設定値の範囲として、次のうち適当なものはどれか。

(1)　0 ～ 200 mA

(2)　100 ～ 400 mA

(3)　400 ～ 800 mA

(4)　200 ～ 1000 mA

✓問9 漏電火災警報器の設置に適さない場所の説明について次の文中の空欄にあてはまる語句として、正しいものは次のうちどれか。

漏電火災警報器を可燃性ガスが滞留するおそれのある場所に設ける場合にあっては、その作動と連動して [　　　] をこれらの場所以外の安全な場所に設ける必要がある。

(1) 作動した旨を表示する赤色灯
(2) 電流の遮断を行う装置
(3) スプリンクラー設備を作動させる装置
(4) ガスなどが発生した旨を報知する装置

✓問10 漏電火災警報器の受信機の設置場所の説明について次の文中の空欄にあてはまる語句の組合せとして、正しいものは次のうちどれか。

漏電火災警報器の受信機は、一般的に [　ア　] の点検が容易な場所に設置する。しかし、建築構造上、これによりがたい場合は [　イ　] を用いて [　ウ　] の点検が容易な場所に設置することができる。

(1) ア：屋外　イ：分割形　ウ：屋内
(2) ア：屋外　イ：貫通形　ウ：屋内
(3) ア：屋内　イ：屋外型　ウ：屋外
(4) ア：屋内　イ：屋内型　ウ：屋外

## 2 基礎的知識

### <電気に関する部分>

✓問11 一次巻線と二次巻線の巻数比が4：1の変圧器で、正しいものは次のうちどれか。
(1) 二次側の電力は一次側の4倍である。
(2) 二次側の電力は一次側の4倍である。
(3) 二次側の電流は一次側の $\frac{1}{4}$ 倍である。
(4) 二次側の電圧は一次側の4倍である。

✓問12 負荷が誘導リアクタンスのみの回路に交流電源を加えた場合、電流波形と電圧波形について正しいものは次のうちどれか。
(1) 電流波形が電圧波形より $\frac{1}{4}$ 周期遅れる。
(2) 電流波形が電圧波形より $\frac{1}{4}$ 周期進む。
(3) 電流波形が電圧波形より $\frac{1}{2}$ 周期遅れる。

(4)　電流波形が電圧波形より $\frac{1}{2}$ 周期進む。

☑ 問13　消費電力500Wのヒーターを100Vで1時間動作させた場合、発熱量として正しいものは次のうちどれか。

(1)　1800 J

(2)　3600 J

(3)　1800 kJ

(4)　3600 kJ

☑ 問14　AB間の回路で合成静電容量 $C$ の値として、正しいものは次のうちどれか。

(1)　60 $\mu$F

(2)　90 $\mu$F

(3)　100 $\mu$F

(4)　110 $\mu$F

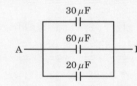

☑ 問15　AB間の電気抵抗値として、正しいものは次のうちどれか。

(1)　20 Ω

(2)　21 Ω

(3)　27 Ω

(4)　65 Ω

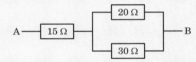

### 3　構造・機能・知識

#### ＜電気に関する部分＞

☑ 問16　漏電火災警報器の説明について次の文中の空欄にあてはまる語句の組合せとして、正しいものは次のうちどれか。

　　漏電火災警報器は、電圧 ｜ ア ｜ の警戒電路の ｜ イ ｜ を検出し、防火対象物の関係者に報知する設備であって、変流器及び受信機で構成される。受信機は、変流器から送信された信号を受信した場合、｜ ウ ｜ により漏電が発生した旨を自動的に表示する。

(1)　ア：300 V以下　イ：漏洩電圧　ウ：黄色の表示及び音響信号

(2)　ア：300 V以下　イ：漏洩電流　ウ：赤色の表示及び音響信号

(3)　ア：600 V以下　イ：漏洩電圧　ウ：黄色の表示及び音響信号

(4)　ア：600 V以下　イ：漏洩電流　ウ：赤色の表示及び音響信号

☑問17　変流器の説明について次の文中の空欄にあてはまる語句の組合せとして、正しいものは次のうちどれか。

変流器は、試験電流を[ア]mAから[イ]mAまで流した場合、その出力値は試験電流値に[ウ]して変化する。

(1)　ア：0　　イ：800　　ウ：比例
(2)　ア：100　イ：800　　ウ：反比例
(3)　ア：0　　イ：1000　ウ：比例
(4)　ア：100　イ：800　　ウ：反比例


☑問18　D種設置工事の接地抵抗値として、正しいものは次のうちどれか。

(1)　10Ω以下とすること。
(2)　100Ω以下とすること。
(3)　150Ω以下とすること。
(4)　600Ω以下とすること。


☑問19　次のものは、漏電火災警報器の変流器に関する記述であるが、誤っているものはどれか。

(1)　構造上の違いから貫通形と分割形の2種類があり、設置方法が異なる。
(2)　分割形は、既設の配線をそのままにして変流器を設置できる。
(3)　600V以下の警戒電路に用いるものである。
(4)　変流器には常に起電力が発生していて、漏電が生じるとこの起電力が0となる。


☑問20　次のものは、漏電火災警報器の変流器の取付けに関する記述であるが、誤っているものはどれか。

(1)　変流器の二次側配線に金属遮へい（シールド）電線を使用して、シールド部分を設置して静電誘導を防止する。
(2)　変流器の二次側配線に、鉄鋼、鉄鋼パイプなどを使用する。
(3)　変流器の二次側配線相互間を密着し、配線こう長をできるだけ長くする。
(4)　大電流回路からできるだけ距離を離す。


☑問21　漏電火災警報器が誤報を発する主な原因として考えられるものは次のうちどれか。

(1)　変流器の二次側配線が断線している場合。
(2)　変流器の二次側配線の絶縁状態が悪い場合。
(3)　三相200Vの警戒電路の不平衡負荷が増大している場合。
(4)　受信機の感度調整装置の設定が不適当な場合。

☑問22 漏電火災警報器の設置工事完了後に行う漏洩電流検出試験の方法の説明について、次の文中の空欄にあてはまる語句の組合せとして、正しいものは次のうちどれか。

漏洩電流検出器等により ア の検出漏洩電流設定値の電流を流したとき、漏洩電流検出設定値の イ 以上 ウ 以下で受信機が作動することを確認する。

(1) ア：変流器 イ：40％ ウ：105％
(2) ア：受信機 イ：40％ ウ：105％
(3) ア：変流器 イ：40％ ウ：110％
(4) ア：受信機 イ：40％ ウ：110％

☑問23 漏電火災警報器の総合点検（毎年実施する点検）の確認内容として、誤っているのは次のうちどれか。
(1) 作動電流値における作動電流を2〜3回測定し、正常に作動し、すべての作動電流値が公称作動電流値（作動電流設定値）の40％以上110％以下の範囲であること。
(2) 表示灯が点灯すること。
(3) 音響装置が80dB以上の音圧で鳴動すること。
(4) 音響装置が鳴動していないときの音圧（暗騒音）が大きい場合は、補正票を用いて、音響装置の音圧を補正する。

☑問24 漏電火災警報器に接地工事を行う主な目的として、誤っているのは次のうちどれか。
(1) 過負荷防止対策のため。
(2) 人への感電防止の危険や漏電火災を防止するため。
(3) 電力用変圧器の高低圧混触による異常電圧を防止するため
(4) 避雷器など雷による被害防止のため

## ＜規格に関する部分＞

☑問25 漏電火災警報器の受信機に設置端子を設けなければならないのは、次のうちどれか。
(1) 定格電圧が100Vの合成樹脂製ケースの受信機で、金属製の化粧銘板が取り付けられ、当該化粧銘板と充電部との絶縁距離が空間距離で2mm、沿面距離4mmのもの。
(2) 定格電圧が50Vの金属製のケースのもの。
(3) 定格電圧が100Vの合成樹脂製ケースの受信機で、金属製の化粧銘板が取り付けられ、当該化粧銘板と充電部との絶縁距離が空間距離で6mm、沿面距離8mmのもの。
(4) 定格電圧が100Vの合成樹脂製のケースのもの。

☑問26 漏電火災警報器の受信機における感度調整装置の調整範囲について、規格省令上、正しいものは次のうちどれか。

(1)　100 〜 1100 mA

(2)　200 〜 1000 mA

(3)　400 〜 1000 mA

(4)　500 〜 1500 mA

☑問27 漏電火災警報器の音響装置は、定格電圧で鳴動させた場合、規格省令上、音響装置の中心から 1 m 離れた点で何 dB 以上と定められているか。正しいものは次のうちどれか。

(1)　60 dB

(2)　70 dB

(3)　80 dB

(4)　90 dB

☑問28 漏電火災警報器の受信機は、信号入力回路に公称作動電流値に対応する変流器の設計出力電圧の 75 ％の電圧を加えた場合、規格省令上、何秒以内に作動しなければならないと定められているか。正しいものは次のうちどれか。。

(1)　0.5 秒

(2)　1 秒

(3)　1.5 秒

(4)　2 秒

☑問29 漏電火災警報器の変流器の表示事項について、規格省令上、表示しなくてよい事項は次のうちどれか。

(1)　届出番号

(2)　定格電圧・定格電流

(3)　製造年

(4)　貫通形又は分割形のうち該当する種別

☑問30 漏電火災警報器の変流器の周囲温度試験について説明した次の文中の空欄にあてはまる数字の組合せとして、正しいものは次のうちどれか。

変流器は、屋内型にあっては ア から 60℃、屋外型にあっては イ から 60℃の周囲温度に ウ 時間以上放置した場合、機能に異常を生じないこと。

(1)　ア：0℃　　イ：− 10℃　ウ：6

(2)　ア：− 10℃　イ：− 20℃　ウ：12

(3)　ア：0℃　　イ：− 10℃　ウ：12

(4)　ア：− 10℃　イ：− 20℃　ウ：24

## ☑ <実 技>

☑問1　次の写真の測定器具の名称と用途について答えなさい。また、②の測定器具を用いて行う漏電火災警報器の試験名称も答えなさい

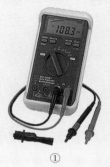
①

②

①名称：

　用途：

②名称：

　用途：

　試験名：

☑問2　漏電火災警報器の受信機の銘板について、空欄①〜③に該当する語句を答えなさい。

| △△△株式会社 | ① | 2017年製 |
| --- | --- | --- |
| 漏電火災警報器受信機 | | 品番ABC－123 |

| 届出番号 | E○○○○○○○ |
| --- | --- |
| 定格電圧 | AC 100 V/200 V |
| 電源周波数 | 50/60 Hz |
| ② | 200/400 mA |
| ③ | 30 mV |

接続可能変流器届出番号

| Z○○○○○○○ | Z○○○○○○○ |
| --- | --- |
| Z○○○○○○○ | Z○○○○○○○ |

①

②

③

☑問3　次の図は漏電火災警報器の受信機の感度調整装置を示したものである。受信機の
　　交渉作動電流値の設定を 400 mA に設定した場合、総合点検の漏洩電流検出試験を
　　実施した場合、合格となる作動電流値の範囲を答えなさい。

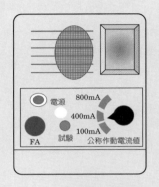

作動電流値の範囲：

☑問4　次の図は壁体部分の構造と防火対象物の用途及び延べ面積との組合せを示したも
　　のである。次のうち漏電火災警報器の設置が必要なものはどれか。なお、契約電流
　　容量は、すべて 60 A とする。

(1) 共同住宅：延べ床面積 300 m²

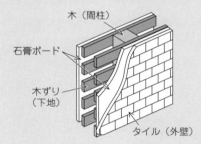

(2) 倉庫：延べ床面積 1000 m²

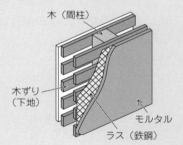

(3) 工場：延べ床面積 500 m²

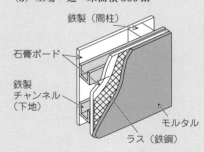

(4) 神社：延べ床面積 600 m²

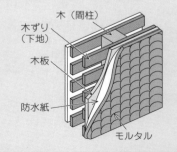

☑**問5**　次の図は漏電火災警報器の設置方法を示したものであるが、誤りを訂正しなさい。

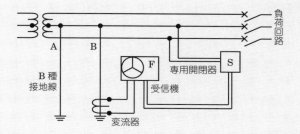

## ＜筆　記＞

☑ **問1**　解答−（1）

解説　無窓階とは、「建築物の地上階のうち、避難上又は消火活動上有効な開口部を有していない階」と定義されています。無窓階に該当する階は、通常に比べ火災時の危険性が高いため、さまざまな規制（例えば、自動火災報知設備は、通常の居室であれば、熱感知器及び煙感知器どちらでも設置できますが、無窓階では基本的に煙感知器しか設置できません。一般に、煙感知器のほうが、火災を早期の段階で感知できるからです。

☑ **問2**　解答−（2）

解説　特定防火対象物は、消防法施行令別表第1により区分されており、映画館やホテルなどのように不特定多数の人が出入りする防火対象物をいいます。また、幼稚園や老人ホームのような火災時に自力で避難することが難しい人が利用する防火対象物も該当します。したがって、小学校や共同住宅など特定された多数の人が出入りする防火対象物は特定防火対象物に該当しません。

☑ **問3**　解答−（3）

解説　消防検査を受けようとする防火対象物等の関係者は、当該防火対象物における消防用設備等の設置に係る工事が完了した日から4日以内に消防長又は消防署長に設置届を提出しなければならない、とされています。

☑ **問4**　解答−（3）

解説　定期点検の結果の報告は、特定防火対象物の場合は1年に1回、非特定防火対象物の場合は3年に1回、消防長又は消防署長に報告する必要があります。

☑ **問5**　解答−（2）

解説　消防用設備の着工届は、当該消防用設備の工事に着手しようとする日の10日前までに、甲種消防設備士が消防長又は消防署長に届け出る必要があります。また、消防設備士の免状の種類によって行うことができる範囲が異なります。
甲種消防設備士　→　工事・整備
乙種消防設備士　→　整備

☑ **問6**　解答 -（2）

解説　消防法に定める検定対象機械器具等及び自主表示対象機械器具等は次の表のとおりです。したがって、漏電火災警報器は自主表示対象機械器具等の品目なので、（2）が誤りです。

| 検定対象機械器具等<br>（12品目） | 自主表示対象機械器具等<br>（6品目） |
|---|---|
| ① 消火器<br>② 消火器用消火薬剤（二酸化炭素を除く）<br>③ 泡消火薬剤<br>④ 火災報知設備の感知器又は発信機<br>⑤ 火災報知設備又はガス漏れ火災警報設備に使用する中継器<br>⑥ 火災報知設備又はガス漏れ火災警報設備に使用する受信機<br>⑦ 住宅用防災警報器<br>⑧ 閉鎖型スプリンクラーヘッド<br>⑨ スプリンクラー設備、水噴霧消火設備又は泡消火設備に使用する流水検知装置<br>⑩ スプリンクラー設備等に使用する一斉開放弁<br>⑪ 金属製避難はしご<br>⑫ 緩降機 | ① 動力消防ポンプ<br>② 消防用ホース<br>③ 消防用吸管<br>④ 消防用ホースに使用する差込式又はねじ式の結合金具及び消防用吸管に使用するねじ式の結合金具<br>⑤ エアゾール式簡易消火具<br>⑥ 漏電火災警報器 |

☑ **問7**　解答 -（1）

解説　漏電火災警報器の設置義務が発生する建築物の要件のうち、「構造要件」は満たされています。したがって、「面積要件」又は「契約電流容量要件」のうち、どちらかの要件を追加で満たすとき、漏電火災警報器を設置する必要があります。なお、（4）の駐車場には、要件に関係なく設置する必要はありません。

☑ **問8**　解答 -（3）

解説　検出漏洩電流設定値は、誤報が生じないように建築物の警戒電路の負荷、電線こう長を考慮して、変流器を設置する場所によって範囲が決まっています。
変流器を警戒電路に設置する場合：100 ～ 400 mA
B種接地線に設置する場合：400 ～ 800 mA

**☑ 問 9**　解答 − (2)

　　　解説　漏電火災警報器は、下記の場所には設置しないこととされています。ただ
　　　　　　し、やむをえずこれらの場所に設置する場合は、設置場所に適した防護措
　　　　　　置を施す必要があります。特に①の場所にあっては、その作動と連動して
　　　　　　電流の遮断を行う装置をこれらの場所以外の安全な場所に設ける必要が
　　　　　　あります。
　　　　　　①可燃性蒸気、可燃性ガス又は可燃性微粉が滞留するおそれのある場所
　　　　　　②火炎類を製造し、貯蔵し又は取り扱う場所
　　　　　　③腐食性の蒸気、ガスなどが発生するおそれのある場所
　　　　　　④湿度の高い場所
　　　　　　⑤温度変化の激しい場所
　　　　　　⑥振動が激しく機械的損傷を受けるおそれのある場所
　　　　　　⑦大電流回路、高周波発生回路等により影響を受けるおそれのある場所

**☑ 問 10**　解答 − (3)

　　　解説　漏電火災警報器の受信機は、一般的に屋内の点検が容易な場所に設置す
　　　　　　ることになっていますが、難しい場合は、屋外型を用いるか、雨水対策な
　　　　　　どの防護措置を講じ、屋外の点検の容易な場所に設置することとされて
　　　　　　います。

**☑ 問 11**　解答 − (3)

　　　解説　誘導起電力（電圧）の大きさは、一次、二次の巻数（コイルの巻数）に比
　　　　　　例します。一方、電流は反比例します。

**☑ 問 12**　解答 − (1)

　　　解説　電流波形は、電圧波形より $\dfrac{1}{4}$ 周期 $\left(90°$ 又は $\dfrac{\pi}{2}$ rad $\right)$ 遅れます。

**☑ 問 13**　解答 − (3)

　　　解説　発熱量 $Q = I^2 Rt$、電力 $P = VI = 500$ W（1 時間 = 3600 秒）

　　　　　　電流 $I = \dfrac{P}{V} = \dfrac{500}{100} = 5$ A

　　　　　　抵抗 $R = \dfrac{V}{I} = \dfrac{100}{5} = 20$ Ω

　　　　　　発熱量 $Q = I^2 Rt$
　　　　　　　　　　 $= 5^2 \times 20 \times 3600 = 1800000$ J $= 1800$ kJ

**☑ 問 14**　解答 − (4)

　　　解説　並列接続のときの合成静電容量は、各静電容量の和になります。
　　　　　　　　　$C = 30 + 60 + 20 = 110\,\mu$F

☑ **問15** 解答 – (3)

解説 並列回路部分の合成抵抗

$$R = 1 \div \left( \frac{1}{20} + \frac{1}{30} \right) = 12 \, \Omega$$

これにより、直列回路の合成抵抗を計算すると、$12 + 15 = 27 \, \Omega$。

☑ **問16** 解答 – (4)

解説 漏電火災警報器は、電圧600 V以下の警戒電路（漏電を検出しようとする電線）の漏洩電流を検出します。漏洩電流を検出した場合、受信機の赤色表示と音響信号（音響装置）により報知します。

☑ **問17** 解答 – (3)

解説 変流器は、試験電流（漏洩電流のこと）を0 ～ 1000 mAまでの範囲において流した場合、その出力電圧は比例し、設計出力電圧値の75 ～ 125 %であることとされています。

☑ **問18** 解答 – (2)

解説 D種設置工事は、300 V以下の低圧用の機器の外箱（ケース）又は鉄台を対象にした接地工事で、その接地抵抗値は100 Ω以下になります。

☑ **問19** 解答 – (4)

解説 変流器は、内部の鉄心に巻線がされており、漏電が生じていないときは巻線内（変流器内）を貫通する警戒電路（電線）による磁束が相互に打ち消し合い、巻線（変流器内）には起電力が発生していません。一方、漏電が生じたときは、磁束の打消作用が崩れて、巻線（変流器内）に漏洩電流分の磁束が生じ、巻線に起電力が誘導されます。

☑ **問20** 解答 – (3)

解説 誘導障害対策に関する問題です。変流器の二次側配線は、大電流回路からの誘導障害を防止するため、配線こう長をできるだけ短くする必要があります。

☑ **問21** 解答 – (4)

解説 変流器の二次側配線が断線、又は絶縁状態が悪いと、漏電が生じてもその信号を受信機に送信できません（作動しない　→　不作動）。

また、三相負荷が不平衡であり、かつ負荷が増大しても誤報が生じるような電流が警戒電路に流れないので、誤報を発する原因にはなりません。

受信機の感度調整装置の設定（検出漏洩電流設定値）を小さくし過ぎた場合は、感度が敏感になり、火災の原因になる漏洩電流でない場合でも警報を発してしまう（誤報を発する）おそれがあります。

☑ **問 22** 解答 – (1)

解説 漏電火災警報器を建築物に設置した後（工事完了後）に行う試験のうち、漏洩電流検出試験については、変流器の検出漏洩電流設定値に近い電流を徐々に流したとき、漏洩電流検出設定値の 40 ％以上 105 ％以下で受信機が作動することを確認します。

☑ **問 23** 解答 – (3)

解説 試験装置（テストボタンなど）を操作し、音響装置の鳴動（音響装置の中心から前面 1 m 離れた場所で騒音計で測定した音圧が 70 dB 以上あること）を確認します。

☑ **問 24** 解答 – (1)

解説 避雷器を設置している建築物には接地工事を行うことで、雷雲による静電気をあらかじめ大地に逃がすことによって雷が落ちるのを防ぎます。接地は、使用する機器、警戒回路等の過負荷防止にはなりません。

☑ **問 25** 解答 – (1)

解説 漏電火災警報器は、定格電圧が 60 V を超える変流器又は受信機の金属ケースには、接地端子を設けなければなりません。

　　また、金属でない絶縁性のある合成樹脂製のケースなどの外部に金属製の化粧板等の部品を取り付けた場合、当該部品と充電部（電圧が 60 V を超えるものに限る）との絶縁距離が、空間距離で 4 mm 未満、沿面距離で 6 mm 未満であるものにも接地端子を設けなければなりません。

☑ **問 26** 解答 – (2)

解説 受信機の感度調整装置の最小値は 200 mA 以下とし、最大値は 1000 mA 以下とすることとされています。（規格省令第 7 条及び第 8 条）

☑ **問 27** 解答 – (2)

解説 音響装置の音圧は、定格電圧において、無響音質で定位置（音響装置を受信機内に取り付けるものにあってはその状態における位置）に取り付けられた音響装置の中心から 1 m 離れた点で 70 dB 以上あることとされています。

☑ **問 28** 解答 – (2)

解説 漏電火災警報器の受信機は、信号入力回路に公称作動電流値に対応する変流器の設計出力電圧の 52 ％の電圧を加えた場合、30 秒以内で作動せず、かつ、公称作動電流値に対応する変流器の設計出力電圧の 75 ％の電圧を加えた場合、1 秒以内に作動することと定められています。

✓ **問 29**　解答 −（4）

解説　変流器には、次の事項を見やすい箇所に容易に消えないように表示することが必要です。

・漏電火災警報器変流器という文字
・届出番号
・屋外型又は屋内型のうち該当する種別
・定格電圧及び定格電流
・定格周波数
・単相又は三相のうち該当するもの
・設計出力電圧
・製造年
・製造者名、商標又は販売者名
・極性のある端子にはその極性を示す記号

✓ **問 30**　解答 −（2）

解説　変流器の周囲温度試験（温度耐性）は、屋内型：−10 ～ 60℃、屋外型：−20 ～ 60℃の周囲温度に 12 時間以上放置した場合、機能に異常を生じないこととされています。

## ＜実　技＞

☑ **問1**　解答 – ①名称：回路計（マルチメーター、テスター）

用途：電圧（交流、直流）、電流（直流）、抵抗などを測定する計器。

②名称：騒音計

用途：音（音圧）を測定する計器。

試験名：音響装置試験で受信機の音響装置の音圧を測定する。

☑ **問2**　解答 – ①製造年

②公称作動電流値

③作動入力電圧

☑ **問3**　解答 – **160 〜 440 mA**

解説　総合点検時の漏洩電流検出試験は、作動電流値が公称作動電流値（400 mA）の 40 ％以上 110 ％以下の範囲であることを確認します。したがって以下となります。

$$400 \times 0.4 = 160 \text{ mA}$$
$$400 \times 1.1 = 440 \text{ mA}$$

☑ **問4**　解答 – （2）

解説　漏電火災警報器の設置が必要な防火対象物の要件には、「構造要件」、「面積要件」、「契約電流容量要件」があります。

「構造要件」については、「間柱、根太、天井野縁又は下地を準不燃材料以外の材料で造ったラスモルタル造り（鉄網入り）の壁、床又は天井を有する建築物」とされていますので、①と④は鉄網ではないので該当しません。②はラスモルタル造りであり、間柱や下地も準不燃材料以外の材料ですので該当します。③は間柱や下地が鉄製なため該当しません。

「面積要件」については、①〜④まですべて該当します。

「契約電流容量要件」については、すべて 60 A とされているので、①〜④があてはまります。

したがって、漏電火災警報器の設置が必要な防火対象物には、②のみ該当します。

☑ **問5**　解答 – **B 種接地線に変流器を設置し、B の接地線を切断する。**

解説　中性線の負荷電流が A と B からなる閉回路に電流が分流し、変流器がそれを検出して、誤作動を起こす可能性があります。また、漏電が生じても作動しない可能性もあります。

ー掲載写真／提供・協力等ー

泰和電気工業株式会社
テンパール工業株式会社
（50 音順）

ラクラクわかる！
7 類消防設備士 集中ゼミ（改訂 2 版）

2017 年 5 月 25 日　　　第 1 版第 1 刷発行
2024 年 2 月 29 日　　　改訂 2 版第 1 刷発行

編　　集　オ ー ム 社
発 行 者　村 上 和 夫
発 行 所　株式会社 オ ー ム 社
　　　　　郵便番号　101-8460
　　　　　東京都千代田区神田錦町 3-1
　　　　　電話　03（3233）0641（代表）
　　　　　URL　https://www.ohmsha.co.jp/

© オーム社 2024

組版　新生社　　印刷　三美印刷　　製本　協栄製本
ISBN978-4-274-23169-8　Printed in Japan

本書の感想募集　https://www.ohmsha.co.jp/kansou/

本書をお読みになった感想を上記サイトまでお寄せください。
お寄せいただいた方には、抽選でプレゼントを差し上げます。

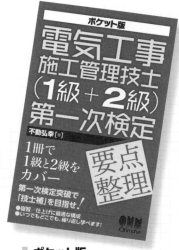

**好評既刊**

ラクラクわかる！ シリーズ

ラクラクわかる！
# 1類消防設備士 集中ゼミ（改訂2版）
松岡 浩史 著

A5判・356頁・定価(本体2500円【税別】)　ISBN978-4-274-22419-5

ラクラクわかる！
# 2類消防設備士 集中ゼミ
オーム社 編

A5判・272頁・定価(本体2300円【税別】)　ISBN978-4-274-22056-2

ラクラクわかる！
# 3類消防設備士 集中ゼミ（改訂2版）
オーム社 編

A5判・280頁・定価(本体2500円【税別】)　ISBN978-4-274-23107-0

ラクラクわかる！
# 4類消防設備士 集中ゼミ（改訂2版）
オーム社 編

A5判・272頁・定価(本体2300円【税別】)　ISBN978-4-274-22249-8

ラクラクわかる！
# 5類消防設備士 集中ゼミ
オーム社 編

A5判・256頁・定価(本体2300円【税別】)　ISBN978-4-274-21919-1

ラクラクわかる！
# 6類消防設備士 集中ゼミ（改訂3版）
オーム社 編

A5判・304頁・定価(本体2600円【税別】)　ISBN978-4-274-23165-0

ラクラクわかる！
# 7類消防設備士 集中ゼミ（改訂2版）
オーム社 編

A5判・208頁・定価(本体2500円【税別】)　ISBN978-4-274-23169-8

もっと詳しい情報をお届けできます.
◎書店に商品がない場合または直接ご注文の場合も
右記宛にご連絡ください.

ホームページ　https://www.ohmsha.co.jp/
TEL／FAX　TEL.03-3233-0643　FAX.03-3233-3440

(定価は変更される場合があります)

## ● 漏電火災警報器の設置が必要な防火対象物 ●

| 区　分 | | 防火対象物 | 延べ面積 | 契約電流容量 |
|---|---|---|---|---|
| （1） | イ | 劇場、映画館、演芸場 | 300 m² 以上 | 50 A を超えるもの |
| | ロ | 公会堂、集会場 | | |
| （2） | イ | キャバレー、ナイトクラブなど | | |
| | ロ | 遊技場、ダンスホールなど | | |
| | ハ | 性風俗関連特殊営業を営む店舗など | | |
| | ニ | カラオケボックスなど | | |
| （3） | イ | 待合、料理店など | | |
| | ロ | 飲食店 | | |
| （4） | | 百貨店、マーケット、展示場など | | |
| （5） | イ | 旅館、ホテル、宿泊所など | 150 m² 以上 | |
| | ロ | 寄宿舎、下宿、共同住宅 | | |
| （6） | イ | 病院、診療所、助産所 | 300 m² 以上 | |
| | ロ | 自力避難困難者入所福祉施設など | | |
| | ハ | 以外の福祉施設（老人デイサービスセンターなど） | | |
| | ニ | 幼稚園、特別支援学校 | | |
| （7） | | 小学校、中学校、高等学校など | 500 m² 以上 | |
| （8） | | 図書館、博物館、美術館など | | |
| （9） | イ | 公衆浴場のうち、蒸気浴場、熱気浴場 | 150 m² 以上 | |
| | ロ | （9）イ以外の公衆浴場 | | |
| （10） | | 車両（電車など）の停車場、船舶、航空機の発着場 | 500 m² 以上 | |
| （11） | | 神社、寺院、教会など | | |
| （12） | イ | 工場、作業場 | 300 m² 以上 | |
| | ロ | 映画スタジオ、テレビスタジオ | | |
| （13） | イ | 駐車場など | | |
| | ロ | 格納庫など | | |
| （14） | | 倉庫 | 1000 m² 以上 | |
| （15） | | （1）～（14）に該当しない事業場 | | |
| （16） | イ | 複合用途防火対象物のうち、その一部が特定防火対象物の用途を含むもの | 500 m² 以上（特定防火対象物用途の合計が300 m² 以上） | 50 A を超えるもの |
| | ロ | （16）イに掲げる複合用途防火対象物以外の複合用途防火対象物 | | |
| （16 の 2） | | 地下街 | 300 m² 以上 | |
| （16 の 3） | | 準地下街 | | |
| （17） | | 重要文化財など | 全部 | |

特定防火対象物を示す